Introducción al Libro de los Salmos

Introducción al Libro de los Salmos

Poesía, Oraciones, Escritura

bajo la supervisión de
Rena MacLeod

Elementos esenciales de la teología

DTL

Library of Congress Cataloging-in-Publication Data
Datos de catalogación en publicación de la Biblioteca del Congreso

Rena MacLeod (creador).
[Introduction to the Book of Psalms: Poetry, Prayers, Scripture /
        Rena MacLeod]
Introducción al Libro de los Salmos: Poesía, Oraciones, Escritura /
        Rena MacLeod
108 + xi pp. cm. 12.7 x 20.32
ISBN 979-8-89731-961-9 (Libro de bolsillo)
ISBN 979-8-89731-215-3 (E-libro)
ISBN 979-8-89731-237-5 (Kindle)
        1. Biblia. Salmos — Introducciones.
        2. Biblia. Salmos — Crítica, interpretación, etc.
BS1430.3 .M3318 2025

*Este libro está disponible como un libro de acceso abierto en varios
idiomas en www.DTLPress.com*

Imagen de la portada: "Hosannah!" from *Dalziels' Bible Gallery (https://
www.metmuseum.org/art/collection/search/641645)*

Contenido

Prefacio de la Serie

La inteligencia artificial (IA) está cambiando todo, incluida la educación y la investigación teológica. Esta serie, *Elementos esenciales de la teología (Theological Essentials),* está diseñada para aprovechar el potencial creativo de la IA en el ámbito de la educación teológica. En el modelo tradicional, un académico con dominio del discurso teológico y una trayectoria docente exitosa pasaría varios meses —o incluso años— escribiendo, revisando y reescribiendo un texto introductorio. Luego, este texto sería transferido a una editorial que invertiría meses o años en los procesos de producción. Aunque el producto final era predecible, este proceso lento y costoso elevaba el precio de los libros de texto. Como resultado, los estudiantes de países desarrollados pagaron más de lo debido por los libros, y los estudiantes de países en desarrollo generalmente no tuvieron acceso a estos libros de texto (de costo prohibitivo) hasta que aparecieron como descartes y donaciones décadas después. En generaciones anteriores, la necesidad de garantizar la calidad —en forma de generación de contenido, revisión experta, edición y tiempo de impresión— pudo haber hecho inevitable este enfoque lento, costoso y excluyente. Sin embargo, la IA lo está cambiando todo.

Esta serie es diferente; está creada por IA. La portada de cada volumen identifica la obra como "creada bajo la supervisión de" un experto en el campo. Sin embargo, esa persona no es un autor en el sentido tradicional. El creador de cada volumen ha sido capacitado por el personal de la Digital Theological Library (DTL) en el uso de IA y ha empleado la IA para generar, editar, revisar y recrear el texto que se presenta. Con este proceso de creación claramente identificado, presentamos los objetivos de esta serie.

Nuestros Objetivos

Credibilidad: Aunque la IA ha logrado —y sigue logrando— avances significativos en los últimos años, ninguna IA sin supervisión puede crear un texto verdaderamente confiable o plenamente acreditado a nivel universitario o de seminario. Las limitaciones del contenido generado por IA a veces surgen de deficiencias en los datos de entrenamiento, pero más a menudo la insatisfacción de los usuarios con el contenido generado por IA proviene de errores humanos en la formulación de indicaciones (prompt engineering). DTL Press ha trabajado para superar ambos problemas contratando académicos con experiencia reconocida para supervisar la creación de los libros en sus respectivas áreas de especialización y capacitándolos en el uso de IA para la generación de contenido. Para mayor claridad, el académico cuyo nombre aparece en la portada ha creado el volumen, generando, leyendo, regenerando, releyendo y revisando el trabajo. Aunque el contenido ha sido generado en diversos grados por IA, la presencia de los nombres de nuestros académicos en la portada garantiza que el contenido es tan confiable como cualquier otro texto introductorio elaborado mediante el modelo tradicional.

Estabilidad: La IA es generativa, lo que significa que la respuesta a cada indicación se genera de forma única para esa solicitud específica. No hay dos respuestas generadas por IA exactamente iguales. La inevitable variabilidad de las respuestas de la IA representa un importante desafío pedagógico para profesores y estudiantes que desean iniciar sus debates y análisis basándose en un conjunto compartido de ideas. Las instituciones educativas necesitan textos estables para evitar el caos pedagógico. Estos libros proporcionan ese texto estable a partir del cual enseñar, debatir y fomentar ideas.

Accesibilidad económica: DTL Press está comprometida con la idea de que el costo no debe ser una barrera para el conocimiento. *Todas las personas tienen el mismo derecho a aprender y comprender.* Por ello, todas las versiones electrónicas de los libros publicados por DTL Press están disponibles de forma gratuita en las bibliotecas de la DTL, y las versiones impresas se pueden obtener por un precio nominal. Expresamos nuestro agradecimiento a los académicos que contribuyen con su labor y han optado por renunciar a los esquemas tradicionales de regalías. (Nuestros creadores reciben compensación por su trabajo generativo, pero no perciben regalías en el sentido tradicional).

Disponibilidad global: DTL Press desea ofrecer libros de texto introductorios de alta calidad y bajo costo a todos, en todo el mundo. Los libros de esta serie están disponibles de inmediato en varios idiomas. DTL Press creará traducciones a otros idiomas si se solicita. Las traducciones son, por supuesto, generadas por IA.

Nuestras Limitaciones Reconocidas

Algunos lectores probablemente pensarán: "pero la IA solo puede producir investigación derivativa; no puede crear estudios innovadores y originales." Esta crítica es, en gran medida, válida. La IA se limita principalmente a agrupar, organizar y reformular ideas preexistentes, aunque en ocasiones de formas que pueden acelerar y refinar la producción de nuevas investigaciones. Aun reconociendo esta limitación inherente, DTL Press ofrece dos comentarios: (1) Los textos introductorios rara vez buscan ser innovadores en su originalidad y (2) DTL Press cuenta con otras series dedicadas a la publicación de investigación original con autoría tradicional.

Nuestra Invitación

DTL Press busca transformar el mundo de la publicación académica en el ámbito teológico de dos maneras. En primer lugar, queremos generar textos introductorios en todas las áreas del discurso teológico, de modo que nadie se vea obligado a "comprar un libro de texto" en ningún idioma. Nos imaginamos un futuro en el que los profesores puedan utilizar uno, dos o incluso una serie completa de estos libros como textos introductorios en sus cursos. En segundo lugar, buscamos publicar monografías académicas con autoría tradicional para su distribución gratuita en acceso abierto, dirigidas a una audiencia académica avanzada.

Finalmente, DTL Press es una editorial no confesional, por lo que publicará obras en cualquier área de los estudios religiosos. Los libros de autoría tradicional son sometidos a revisión por pares, mientras que la creación de libros introductorios generados por IA está abierta a cualquier experto con la preparación adecuada para supervisar la generación de contenido en su respectiva área de especialización.

Si compartes el compromiso de DTL Press con la credibilidad, accesibilidad económica y disponibilidad global, te invitamos a participar en esta iniciativa y contribuir a cambiar el mundo de la publicación teológica, ya sea a través de esta serie o mediante libros de autoría tradicional.

Con grandes expectativas,

Thomas E. Phillips

Director Ejecutivo de DTL Press

Capítulo 1
¿Qué es el Libro de los Salmos?

El Libro de los Salmos es uno de los libros más leídos y amados de la Biblia. Durante siglos, ha moldeado el culto judío y cristiano, ha influido en la música y la literatura, y ha dado voz a la devoción personal, el lamento y la alabanza. Sin embargo, el libro también es una antología antigua, una colección cuidadosamente organizada de 150 poemas hebreos cuyos orígenes se remontan al primer milenio a. C. Abrir sus páginas es descubrir un mundo de reyes y templos, enemigos y liberación, pero también una vasta gama de emociones que siguen resonando a través de expresiones de dolor, alegría, ira, desesperación, confianza y esperanza.

Para la erudición bíblica, los Salmos encarnan una complejidad de contrastes que invita a un estudio minucioso. Son a la vez intensamente personales y profundamente comunitarios, escritos con la voz de individuos, pero preservados como un libro para todo el pueblo de Israel. Parecen atemporales, pero revelan capas de composición y edición que reflejan las circunstancias cambiantes del antiguo Israel, desde la monarquía hasta el exilio y la restauración. Su lenguaje es poético, pero es poesía arraigada en la vida religiosa y política. Por lo tanto, los Salmos no son solo "cantos del alma", como a menudo se les llama, sino también documentos históricos, literarios y teológicos.

Este libro presenta los Salmos con ese espíritu: no como un manual de devoción ni una colección de dichos atemporales, sino como un rico y complejo recurso de la religión israelita, el arte literario y la influencia cultural. Nos centramos en los Salmos tal como se abordan en la erudición bíblica moderna, prestando atención a sus orígenes, formas, temas teológicos e historia de su recepción. Consideraremos cómo se formó el libro, exploraremos sus géneros poéticos y analizaremos cómo ha sido interpretado y utilizado, desde la sinagoga y la iglesia hasta las salas de conciertos y los movimientos políticos. De este modo, buscamos mostrar por qué estos poemas conservan una fuerza tan perdurable.

Los Salmos como poesía, oración y Escritura

Los Salmos son, ante todo, poesía. Su poder no reside en el argumento ni la narrativa, sino en el ritmo, la imaginería y la repetición. Como han enfatizado Adele Berlin y Robert Alter, la poesía bíblica es distintiva: no se caracteriza por una métrica o rima fijas, como en tradiciones mucho más tardías, sino por el paralelismo (el equilibrio de versos que se hacen eco), contrastan o se intensifican mutuamente. Consideremos, por ejemplo, el versículo inicial del Salmo 19:
"Los cielos cuentan la gloria de Dios,
 y el firmamento proclama la obra de sus manos."

Aquí, la segunda línea retoma la primera con variación, un sello distintivo del verso hebreo. Esta estructura hace que los Salmos sean memorables, musicales y emotivamente resonantes. Las imágenes extraídas de la naturaleza, los rituales y la experiencia humana profundizan este efecto. Dios está representado en los salmos como pastor, fortaleza, roca, rey y juez. Esta maestría poética ayuda a explicar su perdurable atractivo, incluso en diferentes idiomas y culturas.

Sin embargo, estos poemas no son meros ejercicios literarios. Son oraciones. El título hebreo del libro, *Tehillim* ("alabanzas"), señala su función en el culto de Israel. Muchos salmos se cantaban originalmente con acompañamiento musical, y el término griego *psalmoi* refleja esto: canciones para ser cantadas al punteo de cuerdas. En la Septuaginta, la antigua traducción griega de la Biblia hebrea, *Psalmoi* se convirtió en el título de toda la colección, enfatizando su carácter como un libro de canciones. De este uso provino el latín *Psalmi* y, eventualmente, los Salmos en inglés. Estrechamente relacionada está la palabra griega *psaltērion,* el nombre de un instrumento de cuerda pulsada, que a través del latín *psalterium* dio origen al término inglés Psalter para la colección. Por lo tanto, los mismos nombres por los que se conoce el libro preservan sus orígenes musicales y litúrgicos.

Como oraciones, los Salmos expresan un espectro de respuestas humanas a Dios. Algunos son himnos de alegría desenfrenada ("Todo lo que respira alabe al Señor", Sal. 150:6). Otros son gritos de desesperación ("Dios mío, Dios mío, ¿por qué me has abandonado?" Sal. 22:1). Otros aúnan el lamento con la confianza, como en el Salmo 13:

"¿Hasta cuándo, Señor? ¿Me olvidarás para siempre?
...Pero yo confié en tu misericordia;
Mi corazón se alegrará en tu salvación."

Esta oscilación entre la queja y la confianza ilustra lo que Claus Westermann llamó el "paso del lamento a la alabanza". También revela la paradoja de la oración: la libertad de protestar sin romper la relación. De esta manera, los Salmos son un ejemplo de honestidad y confianza.

Con el tiempo, estas oraciones se convirtieron en escritura. Canciones individuales que antaño se interpretaban en el templo o por los músicos del rey fueron recopiladas, arregladas y finalmente canonizadas. Hoy en día, el Libro de los Salmos se lee no solo como poesía antigua, sino también como texto sagrado, moldeando el culto, la devoción y la reflexión a lo largo de los siglos. Los monjes recitaban el libro completo semanalmente; los reformadores traducían y cantaban los salmos en lengua vernácula; innumerables libros de oración, himnarios y contextos de culto modernos se inspiran directamente en sus palabras.

Los Salmos en las Biblias judía y cristiana

Los Salmos ocupan un lugar distintivo dentro del canon bíblico. En la tradición judía, abren la tercera división principal de la Biblia, los Escritos (*Ketuvim*), y desde una etapa temprana fueron centrales para la adoración. Se cree que muchos se originaron en la vida del templo interpretados por coros, acompañados por instrumentos y conectados a festivales o ceremonias reales. Después de la destrucción del Segundo Templo en el año 70 d. C., parecen haber asumido nuevos roles en la sinagoga y en entornos domésticos. Los Salmos llegaron a ser recitados en la oración, memorizados en el hogar y entretejidos en las liturgias diarias. Se entiende que colecciones particulares de salmos (como los Salmos 113-118, conocidos como *Hallel,* que significa "alabanza") se asociaron con festivales como Pésaj, Shavuot, Sucot y Janucá, así como otras ocasiones especiales dentro de la tradición religiosa israelita.

En las Biblias cristianas, los Salmos suelen agruparse con los libros sapienciales o poéticos, a menudo ubicados cerca de la mitad del Antiguo Testamento. Desde los primeros siglos, los cristianos recurrieron a los Salmos tanto como oraciones como textos proféticos. San Agustín los describió como un "gimnasio para el alma", captando su función como escuela de oración y reflexión. Su ubicación y recepción en los contextos judío y cristiano aseguraron que los Salmos se convirtieran no solo en un libro entre muchos, sino en un elemento central de cómo las comunidades aprendieron a expresar alabanza, lamento y confianza.

La disposición de los Salmos en cinco libros o secciones (Salmos 1–41; 42–72; 73–89; 90–106; 107–150) es una característica preservada tanto en las Biblias judías como en las cristianas. Cada uno concluye con una breve doxología (una fórmula de bendición o alabanza a Dios), y toda la colección culmina en el Salmo 150, un himno que convoca a instrumentos, coros y a toda la creación a un coro de alabanza. Estas divisiones no corresponden a categorías ordenadas de tipo de salmo como lamento, alabanza o sabiduría. Más bien, marcan etapas editoriales en la conformación de la antología. Algunos intérpretes sugieren que la disposición quíntuple pretendía reflejar los cinco libros de la Torá, presentando los Salmos como un complemento a la ley de Israel. Otros observan que, si bien los géneros permanecen mezclados en todo momento, la secuencia en su conjunto traza un movimiento teológico: comienza con muchos salmos de David y lamentos, pasa por una crisis comunitaria y concluye en un crescendo de alabanza.

Otra característica distintiva de los Salmos son los encabezados que preceden a muchas composiciones. Estas breves notas a veces incluyen instrucciones musicales ("al director del coro", "con instrumentos de cuerda"), pero son especialmente notables las atribuciones a figuras específicas. Setenta y tres salmos están vinculados a David, mientras que otros se asocian con Asaf, los coreítas, Salomón o incluso Moisés. La erudición moderna generalmente trata estos encabezados como adiciones editoriales posteriores en lugar de declaraciones fiables de autoría. La frase hebrea *le-David* ("de David") en sí misma es ambigua: podría significar compuesto por él, escrito para él, dedicado a él o simplemente en su estilo.

La cuestión de la autoría se complica aún más por el hecho de que los salmos se escribieron a lo largo de muchos siglos. Este largo período de composición significa que los Salmos reflejan las voces de muchos autores y comunidades, no de un solo individuo. Más que un solo poeta, el libro representa una tradición de canto y oración que se adaptó y expandió continuamente. Reconocer esta diversidad no disminuye su importancia; destaca cómo los Salmos se convirtieron en un recurso compartido, transmitido y remodelado a lo largo de generaciones. Sin embargo, la conexión davídica ha seguido siendo central. Tanto en la tradición judía como en la cristiana, David era recordado como el rey, poeta y músico ideal, y vincular los Salmos con él le dio a la colección una voz paradigmática. Esta asociación moldeó la interpretación posterior, ya que los lectores escuchaban los salmos no solo como las oraciones de Israel, sino también como las propias palabras de David y, en las lecturas cristianas, como anticipaciones de Cristo.

En conjunto, estas características demuestran que el Libro de los Salmos, tanto en la Biblia judía como en la cristiana, no es una antología aleatoria de poemas históricos, sino una colección cuidadosamente elaborada con intención teológica. Su división quíntuple, sus encabezamientos y sus doxologías finales sugieren un diseño editorial, no una acumulación accidental. Al mismo tiempo, su lugar en el canon (al frente de los Escritos del Judaísmo, fundamentales en el Antiguo Testamento para los cristianos) garantiza que haya funcionado como un puente entre la ley y la profecía, entre la historia de Israel y la vida de culto, entre la oración personal y la identidad comunitaria.

El alcance y la influencia de los Salmos

Desde sus inicios, los Salmos trascendieron su contexto original en el culto israelita y adquirieron una vida más amplia en las comunidades que los preservaron. Su forma poética y su alcance emocional permitieron su adaptación a nuevas circunstancias, y esta adaptabilidad les ha permitido cruzar lenguas, culturas y tradiciones. A lo largo de los siglos, los Salmos han funcionado no solo como oraciones, sino también como textos con influencia litúrgica, literaria y cultural.

En la tradición judía, se convirtieron en un recurso para la vida religiosa que se extendía mucho más allá del culto formal. Algunos salmos se recitaban para protección, otros para sanación y otros para marcar el ritmo del tiempo cotidiano. Su forma poética facilitaba la memorización, y es posible que los niños los aprendieran de memoria como parte de su educación religiosa. Manuscritos e inscripciones atestiguan que salmos individuales podrían haber sido escritos con fines devocionales o incluso apotropaicos (es decir, para protegerse del mal), valorados así no solo por su significado, sino también por sus propias palabras. Esta flexibilidad permitió que los Salmos siguieran siendo un compañero constante a lo largo de siglos de cambio, acompañando a las comunidades judías en el exilio, *la diáspora* y la renovación.

En el cristianismo, los Salmos fueron igualmente importantes. El Nuevo Testamento los cita con frecuencia, a menudo interpretados en relación con la vida de Jesús. Padres de la Iglesia como Atanasio y Agustín elogiaron el Salterio como un libro que contiene toda la gama de emociones humanas, dando voz tanto a la alegría como a la desesperación. Para el siglo IV, la práctica de recitar el Salterio completo se convirtió en un rasgo distintivo de la vida monástica. Con el tiempo, los salmos se integraron en el ritmo diario de la liturgia cristiana, ya sea en el canto latino, los libros de oración anglicanos o los salterios métricos de la época de la Reforma traducidos a la lengua vernácula. En cada contexto, los Salmos fueron adaptados a las nuevas comunidades, conservando su papel central como oraciones.

Los Salmos también han tenido una larga influencia literaria y artística. En la Antigüedad tardía, fueron iluminados en manuscritos; en el Renacimiento, parafraseados en poesía y plasmados en pintura para el arte visual; en la era moderna, han seguido siendo traducidos, adaptados y aludidos en la literatura. En música, compositores de diferentes tradiciones han recurrido repetidamente al Salterio, produciendo obras que abarcan desde cantos sencillos hasta complejas composiciones corales y sinfónicas. Estos usos artísticos no han sido uniformes, pero demuestran cómo los Salmos podían integrarse en nuevos contextos creativos.

Su influencia también se ha sentido en la vida pública y política. Ciertos salmos han asumido roles simbólicos que trascienden sus orígenes antiguos. El lamento del Salmo 137, "Junto a los ríos de Babilonia", ha resonado en comunidades desplazadas, desde exiliados judíos hasta africanos esclavizados en América. El Salmo 23, con sus imágenes de consuelo en peligro, se lee con frecuencia en momentos de duelo colectivo. Líderes como Martin Luther King Jr. y Nelson Mandela encontraron fuerza y lenguaje en los Salmos en contextos de lucha y resistencia. Estos ejemplos ilustran cómo los Salmos se han adaptado para expresar tanto consuelo como protesta.

Estas trayectorias demuestran que el Libro de los Salmos ha sido más que una reliquia de la religión israelita. Ha sido una colección viva, reinterpretada repetidamente en el culto judío y cristiano, incorporada a la literatura y la música, e invocada en contextos culturales y políticos más amplios. Su alcance e influencia continúan extendiéndose mucho más allá de los contextos en los que se compusieron originalmente estos poemas.

La trayectoria de este libro

Los capítulos siguientes están organizados para reflejar tanto los orígenes del Libro de los Salmos como su impacto continuo. El capítulo 2 considera la forma y la formación del Salterio, explorando cómo los poemas individuales se recopilaron en una colección de cinco libros y el papel de las superscripciones y el diseño editorial. El capítulo 3 se centra en el género y el estilo, describiendo las principales categorías de salmos identificadas por eruditos como Hermann Gunkel, y examinando el arte poético del paralelismo y la imaginería. El capítulo 4 aborda temas teológicos clave: Dios como rey, creador y refugio; el lamento humano, la confianza y la protesta; y la influyente propuesta de Walter Brueggemann de "orientación, desorientación y nueva orientación". El enfoque se centra luego en los Salmos en uso. El capítulo 5 analiza su lugar en el culto y la vida cotidiana, desde la antigua liturgia israelita hasta la práctica sinagogal, la oración monástica cristiana y las tradiciones devocionales posteriores. Finalmente, el capítulo 6 reúne los temas centrales del libro, reflexionando sobre cómo los Salmos han perdurado no simplemente como reliquias de devoción, sino como palabras vivas que continúan dando forma a la adoración, la imaginación y la identidad.

Capítulo 2
La forma y formación del Libro de los Salmos

Al pasar de los salmos individuales al Libro de los Salmos en su conjunto, las cuestiones de forma y formación cobran protagonismo. La colección no se formó completamente. Como se mencionó anteriormente, conserva poemas de diferentes épocas y lugares, recopilados a lo largo de los siglos en la antología que conocemos hoy. Comprender cómo se desarrolló ese proceso, cómo los cantos independientes se convirtieron en un libro quíntuple, cómo los encabezamientos los estructuraron y cómo los editores organizaron la secuencia ha sido una preocupación fundamental de la investigación moderna.

Los Salmos son inusuales entre los libros bíblicos: no son una narración continua como Génesis o Reyes, ni un corpus profético único como Isaías, sino una colección de 150 composiciones. Sin embargo, no son simplemente un archivo de letras religiosas. Su estructura actual muestra indicios de una organización deliberada. La división en cinco "libros", cada uno con una doxología como cierre, da a toda la colección una forma discernible. El Salmo 1, con su meditación sobre la Torá, y el Salmo 150, con su llamado a la alabanza universal, funcionan como sujetalibros que enmarcan toda la secuencia.

Tras esta configuración editorial se esconde una compleja historia de compilación. Grupos más pequeños de salmos (los atribuidos a Asaf, los coreítas o los llamados Cánticos de las Ascensiones) parecen haber circulado antes de ser incorporados a la colección más amplia. Las inscripciones vinculan muchos salmos con David, Salomón o Moisés, pero estas atribuciones no constituyen registros directos de autoría. Más bien, reflejan cómo las comunidades posteriores quisieron ubicar los salmos dentro de la historia de Israel, anclándolos en las figuras del rey, el templo y la Torá.

Este capítulo explora dicho proceso de formación en tres etapas. Primero, consideraremos la evolución de 150 poemas hasta convertirse en un libro quíntuple. Segundo, examinaremos el papel de las inscripciones y las tradiciones davídicas. Finalmente, examinaremos los debates académicos sobre la compilación y edición de los Salmos.

De poemas individuales a una colección de cinco libros

Los 150 poemas que componen el Libro de los Salmos son notablemente diversos en forma y contexto. Algunos se representaban en las cortes reales, otros en el templo, y otros podrían haber surgido de la oración privada. Con el tiempo, estas piezas individuales se agruparon en grupos más grandes y, finalmente, en la colección de cinco partes que ahora se encuentra en las Biblias judías y cristianas.

Aún son visibles vestigios de estas etapas anteriores. Se pueden identificar varios grupos más pequeños de salmos dentro del libro. Los "Cánticos de Ascensión" (Salmos 120-134) forman una serie compacta, probablemente vinculada a la peregrinación a Jerusalén. Los "Salmos de Asaf" (Salmos 73-83) y los "Salmos de Coré" (Salmos 42-49; 84-85; 87-88) sugieren composiciones relacionadas con gremios específicos de músicos del templo. Otros pares y agrupaciones se repiten: los Salmos 105 y 106, por ejemplo, narran la historia de Israel de maneras complementarias: uno relata las poderosas hazañas de Dios, el otro destaca los repetidos fracasos de Israel. Estos grupos indican que poemas individuales circularon en colecciones mucho antes de que se formaran en un solo libro.

La característica estructural que define el Libro de los Salmos es su división en cinco secciones: Libro I (Salmos 1-41), Libro II (Salmos 42-72), Libro III (Salmos 73-89), Libro IV (Salmos 90-106) y Libro V (Salmos 107-150). Cada sección concluye con una doxología, una breve fórmula de bendición como: "Bendito sea el Señor, Dios de Israel, por los siglos de los siglos. Amén y amén" (41:13; cf. 72:18-19; 89:52; 106:48). El salmo final, el 150, funciona como una doxología extendida por sí mismo, convocando a instrumentos, coros y "todo lo que respira" a unirse en alabanza. Estos marcadores recurrentes son una prueba contundente de que el libro no era una antología al azar, sino una colección a la que se le dio una forma deliberada.

La tradición judía, ya desde el Midrash rabínico Tehillim, e intérpretes cristianos como Agustín sugirieron que la división en cinco secciones fue diseñada para reflejar los cinco libros de Moisés. Desde esta perspectiva, los Salmos se erigen como contraparte de la Torá: ley y oración en equilibrio, el fundamento de la vida de Israel ante Dios. Si bien los eruditos modernos son cautelosos a la hora de afirmar una intención directa, el paralelismo habría sido evidente para los lectores antiguos. La Torá proporcionaba instrucciones para la vida, mientras que los Salmos enseñaban a Israel cómo responder con oración, alabanza y lamento. La estructura quíntuple, por lo tanto, situó la colección dentro del amplio mundo escritural de Israel.

El contenido de cada uno de los cinco libros tiene su propia personalidad, aunque los límites no son rígidos. El Libro I (Salmos 1-41) está dominado por salmos atribuidos a David y marcado por lamentos individuales. El Salmo 3, por ejemplo, comienza con un clamor de liberación de los enemigos: "¡Oh Señor, cuántos son mis adversarios! Muchos se levantan contra mí" (3:1). El Libro II (Salmos 42-72) continúa el énfasis davídico, pero también introduce colecciones asociadas con los coreítas. Cierra con el Salmo 72, un salmo real que ruega para que el reinado del rey traiga justicia y abundancia: "Que defienda la causa de los pobres del pueblo, libere a los necesitados y aplaste al opresor" (72:4). El Libro III (Salmos 73-89) adopta una voz más comunitaria y un tono más oscuro. El Salmo 74 lamenta la destrucción del santuario: "Prendieron fuego a tu santuario; profanaron la morada de tu nombre, derribándola por tierra" (74:7). El Salmo 89, al reflexionar sobre el colapso de la monarquía, pregunta: "Señor, ¿dónde está tu amor inquebrantable de antaño, que por tu fidelidad juraste a David?" (89:49).

El Libro IV (Salmos 90-106) responde a esta crisis enfatizando la realeza y la fidelidad de Dios. Comienza con el Salmo 90, una oración atribuida a Moisés: "Señor, tú has sido nuestra morada de generación en generación" (90:1). Esta ubicación señala un alejamiento de la confianza en la monarquía davídica hacia la confianza en el reinado perdurable de Dios. Los salmos siguientes (93-99) proclaman repetidamente: "¡El Señor es rey!". El Libro V (Salmos 107-150) reúne muchos himnos de acción de gracias y alabanza. Incluye el "Hallel" (Salmos 113-118), recitado en festividades; los "Cánticos de las Ascensiones" (Salmos 120-134), asociados con la peregrinación; y el Salmo 119, un acróstico alfabético en el que cada sección sucesiva comienza con una letra diferente del alfabeto hebreo. El salmo recorre las veintidós letras en orden, dedicando ocho versículos a cada una, ofreciendo así una meditación muy estructurada sobre la Torá. La secuencia final (146-150) es un crescendo de salmos de aleluya, cada uno comenzando y terminando con "Alabado sea el Señor", culminando en el llamado del Salmo 150 a la alabanza universal.

La estructura deliberada de la colección es visible no solo en su división quíntuple, sino también en su apertura y cierre. El Salmo 1 marca el tono con un tema de sabiduría: "Bienaventurados los que se deleitan en la ley del Señor" (1:1-2). El Salmo 2 lo complementa con un tema real: "He puesto a mi rey en Sión, mi santo monte" (2:6). Juntos, estos dos salmos establecen la Torá y la realeza como preocupaciones centrales. Por otro lado, el Salmo 150 concluye la colección con una contundente invitación a la alabanza colectiva. Aun así, la estructura quíntuple no debe ser demasiado rígida. Aparecen lamentos en cada sección, al igual que himnos de alabanza. Lo que la estructura proporciona no es una sola historia, sino un marco teológico. Cada libro recorre su propio ciclo de lamento, petición y alabanza, y cada uno termina con una doxología. En conjunto, los cinco libros crean un ritmo de oración que refleja la variada experiencia de Israel: problemas y confianza, desesperación y esperanza, exilio y restauración.

La estructura del Libro de los Salmos refleja, por lo tanto, tanto la preservación como la innovación. Cantos antiguos, arraigados en el ritual del templo, la ceremonia real y la devoción personal, se reunieron en grupos y luego en un todo de cinco partes. La división en cinco libros, la ubicación de los salmos clave y la introducción y conclusión que los enmarcan sugieren un diseño intencional. El resultado es una colección que es a la vez una antología de voces diversas y un libro coherente, que guía al lector del lamento a la alabanza y de la oración personal a la confesión comunitaria.

Inscripciones davídicas y configuración editorial

Una de las características más distintivas del Libro de los Salmos son los encabezados que preceden a muchas composiciones individuales. Aproximadamente dos tercios de los salmos llevan algún tipo de encabezado. Estos abarcan desde breves atribuciones a individuos ("De David", "De Asaf") hasta notas más largas que ofrecen contexto litúrgico o histórico, como "Salmo de David, cuando huía de su hijo Absalón" (Salmo 3). Otros incluyen instrucciones musicales: "Al líder: con instrumentos de cuerda" (Salmo 4). Otros emplean términos técnicos cuyo significado sigue siendo incierto, como maskil o miktam. Aunque los encabezados no son uniformes, cumplen una función coherente: enmarcan la lectura del salmo, guiando su comprensión o uso en el culto.

Atribuciones davídicas

El grupo más grande de encabezamientos vincula los salmos con David (setenta y tres en total). La frase hebrea *le-David* se ha traducido tradicionalmente como "de David", lo que sugiere autoría. Sin embargo, como señalan muchos estudiosos, la preposición *le-* es ambigua: puede significar "por", "para", "a" o "relativo a". Esta flexibilidad significa que un salmo "de David" podría haber sido compuesto por él, escrito en su honor, dedicado a sus descendientes o escrito en estilo davídico. En la práctica, la atribución no funciona como una reivindicación moderna de autoría. Más bien, sitúa el salmo dentro de la figura del rey paradigmático de Israel.

La conexión con David fue profundamente significativa para las comunidades que preservaron estos textos. David era recordado no solo como el gran monarca de Israel, sino también como poeta y músico (cf. 1 Sam. 16:18). Vincular un salmo con David significaba enraizarlo en el pasado real de Israel, otorgarle la voz de quien encarnaba tanto la realeza como la devoción. Esta asociación otorgó a los salmos una mayor autoridad y resonancia. Cuando los intérpretes judíos posteriores recitaron un salmo "de David", lo percibieron como la voz del rey; cuando los intérpretes cristianos leyeron el mismo salmo, a menudo lo percibieron como una anticipación de Cristo, el "Hijo de David".

Las inscripciones davídicas también configuran la estructura de la colección. Los libros I y II se centran principalmente en los salmos atribuidos a David. La nota final del Salmo 72 ("Las

oraciones de David, hijo de Jesé, han terminado")
sugiere que los dos primeros libros se consideraron
en su momento una colección "davídica"
independiente. Editores posteriores ampliaron la
antología, añadiendo salmos relacionados con otras
figuras y grupos, manteniendo a David como el
centro.

Otras atribuciones
Junto a los encabezamientos davídicos se
encuentran atribuciones a otros nombres. La
colección asafita (Salmos 73-83) y los salmos
coreítas (Salmos 42-49; 84-85; 87-88) probablemente
preservan tradiciones asociadas con los gremios de
cantores del templo. Salomón aparece en los
encabezamientos de los Salmos 72 y 127, y Moisés
en el Salmo 90. Cada uno de estos vínculos añade
autoridad al conectar un salmo con una figura
venerada: Asaf y los coreítas como músicos
levíticos, Salomón como el rey sabio, Moisés como
legislador e intercesor. Aunque los
encabezamientos no son notas históricas de autoría,
anclan los poemas en la memoria de Israel de sus
líderes, instituciones y tradiciones.
Estas atribuciones también sugieren que los
Salmos no se recopilaron todos a la vez, sino que se
expandieron mediante la incorporación de
colecciones más pequeñas. Los Salmos de Asaf y
Coré probablemente se recopilaron como unidades
independientes antes de ser incluidos en los Libros
II y III. De igual manera, los "Cánticos de las

Ascensiones" (Salmos 120-134), aunque carecen de autores identificados, forman una colección reconocible insertada posteriormente en el Libro V. La estructura editorial de los Salmos, por lo tanto, no consiste simplemente en dividirlos en cinco libros, sino en entrelazar distintas líneas de tradición en un todo mayor.

Superscripciones históricas

Un grupo más pequeño de encabezamientos sitúa los salmos en momentos específicos de la vida de David: "cuando huía de Absalón, su hijo" (Sal. 3), "cuando los filisteos lo capturaron en Gat" (Sal. 56), o "cuando el profeta Natán vino a él, después de que él se había ido a Betsabé" (Sal. 51). Es poco probable que estas notas sean históricas en sentido estricto. Pocas se ajustan con precisión al contenido del salmo, y muchas parecen haber sido añadidas retrospectivamente. Su función es interpretativa: invitan al lector a imaginar a David orando estas palabras en momentos de prueba o arrepentimiento. De este modo, dotan a los salmos de un marco narrativo, vinculándolos con la historia de Israel.

Modelado editorial

Más allá de las inscripciones, hay evidencia de que el Libro de los Salmos fue diseñado con una intención teológica. La ubicación de ciertos salmos en puntos estratégicos refuerza el movimiento de la colección. El Salmo 1, con su enfoque en la Torá, sirve como introducción; el Salmo 2, con su teología real, lo complementa. El Salmo 72, que cierra el Libro II, presenta una visión idealizada de la realeza, después de lo cual la nota "Las oraciones de David hijo de Jesé han terminado" sugiere una transición. El Salmo 89, al final del Libro III, expresa desesperación por el aparente colapso del pacto davídico: "Señor, ¿dónde está tu amor inquebrantable de antaño, que por tu fidelidad juraste a David?" (89:49). La secuencia luego gira con el Salmo 90, atribuido a Moisés, señalando un regreso a la realeza de Dios en lugar de la monarquía humana. Para cuando la colección llega al Salmo 150, el enfoque ha cambiado del lamento real a la alabanza universal.

Esta configuración no elimina la diversidad. Lamentos e himnos aparecen en cada sección, y el orden general no es una narrativa lineal, sino una arquitectura teológica. Aun así, surgen patrones. Los libros I y II enfatizan la autoría davídica, fundamentando la colección en la voz real. El libro III aborda la crisis del exilio y la pérdida de la monarquía. Los libros IV y V destacan el reino eterno de Dios y concluyen con un estallido de alabanza. Los editores organizaron el material para guiar al lector a través de estas etapas.

Implicaciones teológicas

Reconocer el papel de las inscripciones y la estructura editorial nos ayuda a ver los Salmos como algo más que una simple antología. Las atribuciones davídicas otorgaron coherencia y autoridad a la colección, mientras que la colocación de los salmos en secuencias cuidadosamente seleccionadas creó un ritmo que guía al lector a través de la crisis, la confesión y la alabanza. El resultado es un libro que podría transmitirse a través de generaciones: oraciones personales replanteadas como memoria comunitaria, lamentos reales adaptados a contextos exílicos o postexílicos, y canciones que antes estaban ligadas al culto en el templo, transformadas en escrituras para sinagogas e iglesias.

La importancia teológica de esta configuración reside en cómo retrata la identidad de Israel ante Dios. Las inscripciones conectan los Salmos con figuras como David, Salomón o Moisés, arraigando los poemas en los líderes fundadores de Israel. Sin embargo, la colección en su conjunto dirige la atención más allá de los individuos, a la relación continua del pueblo con YHWH. El ciclo de lamento y confianza, confesión y acción de gracias, refleja un patrón de pacto: Israel es un pueblo que depende del amor inquebrantable de Dios, incluso en el fracaso y el exilio.

Igualmente importante es la forma en que la colección subraya la realeza de Dios. Si bien se honra y recuerda la realeza humana, la estructura editorial insiste en que la soberanía suprema pertenece a YHWH. Los salmos reales se complementan con himnos que celebran a Dios como creador y gobernante de las naciones. Este arco teológico desplaza la mirada del lector de la fragilidad del poder terrenal a la constancia del gobierno divino.

Al enmarcar la oración de esta manera, el Libro de los Salmos presenta una visión de fe realista y esperanzadora. Da voz a la angustia y la protesta, pero no se detiene ahí; guía a las comunidades hacia una renovada confianza en la presencia de Dios y una postura final de alabanza. La estructura de la colección, por lo tanto, refleja una profunda convicción teológica: que ser pueblo de Dios significa vivir honestamente ante Yahvé en toda circunstancia, mientras se reconecta continuamente con aquel que reina sobre la creación y permanece fiel a la alianza.

Teorías de la compilación y debates académicos

El Libro de los Salmos ha sido apreciado durante mucho tiempo como fuente de oración y poesía, pero en la erudición moderna también se ha convertido en un campo de pruebas para nuevos métodos de interpretación. Las preguntas sobre cómo se compuso la colección (ya sea como una antología gradual o como un libro deliberadamente elaborado) han dado lugar a diferentes enfoques, cada uno con sus propios supuestos y énfasis. A continuación, se presenta un análisis de algunas de las teorías más influyentes, desde la crítica de las formas iniciales hasta las lecturas canónicas más recientes, y los debates que siguen moldeando este campo.

Fundamentos críticos de la forma

A principios del siglo XX, Hermann Gunkel fue pionero en el estudio crítico de la forma de los Salmos. La crítica de la forma es un método para clasificar los textos según su forma literaria y rasgos típicos, con el objetivo de reconstruir su contexto social original. Para Gunkel, la clave para comprender los Salmos no era su forma final, sino el "Sitz im Leben" (entorno vital) original de cada poema. Argumentó que los salmos podían agruparse en tipos (himnos, lamentos, acciones de gracias, salmos reales, salmos de sabiduría) sobre la base de patrones recurrentes de vocabulario, estructura y motivo. Cada tipo, a su vez, tenía una función característica: los lamentos eran gritos de ayuda en la angustia, los himnos alababan el poder y la creación de Dios, los salmos reales pertenecían a contextos de coronación o batalla. Al centrarse en estas formas, Gunkel buscó ir más allá de las cuestiones de autoría para recuperar el papel de los salmos en la vida religiosa de Israel.

El enfoque de Gunkel fue desarrollado por Sigmund Mowinckel, quien enfatizó el trasfondo cultural de los salmos. Propuso que muchos se originaron en las festividades del templo, especialmente una celebración anual de la realeza de Dios. Según Mowinckel, salmos como el 93 y el 96-99 reflejan rituales de entronización en los que YHWH era aclamado como rey. Si bien estudiosos posteriores han debatido la evidencia de tales festividades, la insistencia de Mowinckel en un contexto litúrgico vivo contribuyó a desviar la atención de los autores individuales hacia el culto comunitario de Israel. Juntos, Gunkel y Mowinckel establecieron la crítica de las formas como el método dominante durante gran parte del siglo XX.

Perspectivas críticas de la redacción

A partir de la década de 1980, la atención se desvió de los orígenes de cada salmo a la estructura de la colección en su conjunto. Este enfoque se suele describir como crítica de la redacción, un método que estudia el trabajo editorial (redacción) que moldeó las tradiciones anteriores hasta su forma final. En lugar de preguntarse únicamente cómo se pudo haber usado un salmo en el templo, los críticos de la redacción se preguntan cómo los editores posteriores combinaron, organizaron y orientaron teológicamente colecciones más pequeñas.

El influyente estudio de Gerald Wilson, *The Editing of the Hebrew Psalter* (1985), argumentó que la división quíntuple del libro refleja una actividad editorial intencionada. Sugirió que la organización narra una historia teológica: el declive de la monarquía davídica (Libros I-III) da paso a un énfasis en la realeza eterna de Dios (Libros IV-V). Desde esta perspectiva, los Salmos no fueron simplemente preservados, sino reinterpretados a la luz de la experiencia de exilio y pérdida de Israel.

Brevard Childs, aunque no escribió principalmente sobre los Salmos, reforzó esta perspectiva con su enfoque canónico de las Escrituras. Para Childs, la forma final de un libro bíblico es en sí misma teológicamente significativa. Por lo tanto, la configuración editorial de los Salmos, sus salmos marco, doxologías y secuenciación, deben interpretarse como parte de su mensaje. Esto marcó un cambio importante: en lugar de considerar la actividad editorial como algo secundario, los académicos comenzaron a considerarla central para el significado del libro.

Enfoques canónicos

Partiendo de estas ideas, otros estudiosos han argumentado que los Salmos presentan un mensaje general en su forma canónica. Un enfoque canónico se centra en el texto tal como se encuentra actualmente dentro del canon bíblico, en lugar de en sus primeras etapas de composición. Se pregunta cómo funciona el libro teológica y espiritualmente para la comunidad que lo recibió como Escritura. A diferencia de la crítica de la forma, que examina los orígenes del texto, o la crítica de la redacción, que enfatiza la labor de los editores, el enfoque canónico trata la forma final del libro como portadora de significado.

Algunos estudiosos, como Walter Brueggemann, han enfatizado el paso de la orientación (confianza en Dios), pasando por la desorientación (crisis y lamento), a la reorientación (confianza renovada y alabanza). Si bien las categorías de Brueggemann no pretendían describir la estructura editorial en sentido estricto, resaltan cómo los Salmos pueden leerse como un camino de fe.

Otros se centran en las conexiones con la Torá. El Salmo 1, con su meditación sobre la ley de Dios, se ha considerado a menudo como colocado deliberadamente al comienzo del libro para alinear los Salmos con las tradiciones sapiencialistas y la autoridad de la Torá. El Salmo 119, con su alabanza acróstica a la ley, refuerza esta trayectoria. Estas características sugieren que la colección se concibió no solo como un libro de oraciones, sino como una instrucción que guiaba a Israel en la vida de alianza ante Dios.

Debates en curso

A pesar de estos avances, persisten importantes interrogantes. Una de ellas se refiere a la propia división quíntuple: ¿se inspiró deliberadamente en la Torá o el paralelismo se observó posteriormente? Otra se refiere al principio de agrupación: ¿se agruparon los salmos principalmente por atribuciones de autor (David, Asaf, Coré), por temas (realeza, sabiduría, lamento) o por uso litúrgico (festival, peregrinación)? La evidencia no es uniforme. Algunos grupos parecen ser colecciones gremiales; otros parecen ordenados con una intención teológica; y otros podrían reflejar necesidades litúrgicas prácticas.

También se plantea la cuestión de la unidad. ¿Debe leerse el Libro de los Salmos como un todo coherente, pasando del lamento a la alabanza, o es mejor verlo como una antología donde existen patrones, pero no rigen toda la obra? Los académicos siguen divididos. Quienes enfatizan la estructura editorial argumentan que la secuencia narra una historia teológica. Otros advierten que la diversidad de formas impide una narrativa única y global. La tensión entre unidad y antología sigue sin resolverse, y quizás refleje la riqueza de la propia colección.

Contextos del Segundo Templo

Estudios recientes también han explorado los Salmos en relación con los desarrollos más amplios del judaísmo del Segundo Templo. El descubrimiento de manuscritos de salmos en Qumrán, incluyendo arreglos alternativos y composiciones adicionales como el Salmo 151, muestra que la colección aún era fluida en los siglos anteriores a la era común. Esto sugiere que el proceso de compilación estaba en curso y que el Libro de los Salmos se perfilaba como una obra canónica junto con la Torá y los Profetas. El uso de los salmos en Qumrán (copiados, adaptados y, en ocasiones, reescritos) ilustra cómo la colección funcionó como una tradición viva incluso mientras se acercaba a su fin.

Estos hallazgos refuerzan la idea de que los Salmos no se establecieron en un momento único, sino que se desarrollaron con el tiempo, moldeados por decisiones editoriales y preocupaciones teológicas. La forma canónica que ahora se encuentra en el centro de las Biblias judías y cristianas representa la culminación de este proceso, pero los rastros de etapas anteriores nos recuerdan que el libro fue en su día más abierto y diverso.

Conclusión

El estudio de la forma y formación de los Salmos revela un libro profundamente diverso y cuidadosamente organizado. Poemas individuales con raíces en el ritual del templo, la ceremonia real o la devoción privada se agruparon y, con el tiempo, formaron la colección quíntuple que aparece en las Biblias judía y cristiana. Los encabezados vinculaban muchos salmos con figuras como David, Salomón o Moisés, lo que les proporcionaba coherencia y autoridad, incluso si la erudición moderna considera estos encabezados como notas editoriales más que históricas. La estructura editorial es evidente en los salmos que los enmarcan, las doxologías recurrentes y la transición del lamento y la crisis a la acción de gracias y la alabanza.

Las teorías de la compilación y los debates académicos destacan diferentes dimensiones de este proceso. Los críticos de la forma destacaron los contextos cúlticos y sociales de cada salmo. Los críticos de la redacción destacaron la labor de los editores que dieron al libro su forma teológica. Los intérpretes canónicos destacaron la importancia de la forma final como escritura. Cada enfoque ha enriquecido nuestra comprensión, aun cuando persisten los desacuerdos sobre el grado de unidad y las intenciones precisas de quienes organizaron la colección.

El resultado es un libro que es a la vez antología y libro: una recopilación de voces diversas, pero también un testimonio estructurado de la vida de Israel ante Dios a lo largo de los siglos. Tras considerar la forma y la formación de la colección, pasamos ahora a examinar su arte poético y sus géneros (las formas de lamento, alabanza y acción de gracias que confieren a los Salmos su poder perdurable).

Capítulo 3
Géneros y poesía de los Salmos

Una de las maneras más fructíferas en que los estudiosos han abordado los Salmos es preguntarse cómo cada poema encaja en categorías discursivas reconocibles. En lugar de tratar cada salmo de forma aislada, los estudios modernos han enfatizado patrones recurrentes: lamentos, himnos, acciones de gracias, salmos reales y salmos de sabiduría. Estos géneros no son rígidos, sino que ofrecen una perspectiva de cómo funcionaron los salmos en la vida de Israel y por qué tienen una resonancia duradera.

El estudio sistemático de estas formas se asocia principalmente con Hermann Gunkel, cuya obra de principios del siglo XX clasificó los salmos según sus estructuras y temas característicos. Como se mencionó en el capítulo 2, su objetivo era identificar el contexto vital que los originó, ya fuera una festividad, una ceremonia real o una oración individual. Estudiosos posteriores, como Sigmund Mowinckel, refinaron este enfoque al enfatizar los contextos cúlticos y litúrgicos. Aunque pocos hoy en día profundizarían tanto en los detalles como ellos, su trabajo pionero sigue siendo fundamental: el análisis del género continúa moldeando la interpretación de los Salmos.

Pero el género por sí solo no captura la maestría de estos poemas. Los salmos se nutren de técnicas poéticas que los hacen memorables, poderosos y emotivas. El paralelismo, la metáfora, las imágenes e incluso los acrósticos alfabéticos estructuran y fortalecen su lenguaje. Estos rasgos no solo adornan los salmos; moldean su significado.

Por lo tanto, este capítulo se desarrollará en tres etapas. Primero, presentará los principales géneros de los Salmos con ejemplos representativos. Segundo, destacará los rasgos poéticos clave que caracterizan el verso hebreo. Finalmente, se dedicará a la lectura minuciosa de salmos seleccionados para mostrar cómo el género y la poesía se combinan en la práctica.

Géneros de los Salmos
Himnos de alabanza

Entre los tipos de salmos más claros y reconocibles se encuentran los himnos, poemas que instan a la comunidad a alabar a Dios y luego ofrecen razones para hacerlo. Su estructura suele ser sencilla: una invitación inicial a la alabanza, una sección central que relata la grandeza o las obras de Dios, y una afirmación o doxología final. El tono es exuberante, centrado en la majestad y la beneficencia de Dios más que en la necesidad individual.

Un ejemplo clásico es el Salmo 100, a veces llamado "himno procesional". Comienza con imperativos que convocan a toda la tierra: "Cantad con gozo al Señor, toda la tierra. Adorad al Señor con alegría; venid a su presencia con cánticos" (100:1-2). El cuerpo del salmo proporciona la justificación: Dios nos creó, le pertenecemos, y su amor inagotable perdura para siempre. El salmo concluye con una acción de gracias a las puertas del templo, invitando a los fieles a llevar su alabanza al santuario mismo.

Otros himnos amplían el alcance de la alabanza a todo el cosmos. El Salmo 8 se maravilla ante la creación ("Cuando contemplo tus cielos, obra de tus dedos, la luna y las estrellas que has creado" [8:3]) y reflexiona sobre la dignidad de la humanidad en ella. El Salmo 148 orquesta un coro aún más amplio: el sol, la luna, las estrellas, los monstruos marinos, las montañas, los animales, los reyes y los pueblos son convocados a la alabanza. Estos salmos se inspiran en la imaginería del mundo natural para subrayar la soberanía de Dios y el alcance universal de la adoración.

Si bien los himnos carecen del sentido de crisis que predomina en los lamentos, cumplen una función teológica vital. Orientan a la comunidad hacia la grandeza de Dios, recordando a los fieles que la alabanza no es simplemente una respuesta a las oraciones contestadas, sino una actitud de vida. Al celebrar la creación, la alianza y el amor eterno, los himnos expresan la convicción de Israel de que toda la existencia se fundamenta en la alabanza a YHWH.

Salmos de lamento

Ningún género es más prominente en el Libro de los Salmos que el lamento. Aproximadamente un tercio de los salmos pertenecen a esta categoría, lo que la convierte en la más extensa. Los lamentos son oraciones expresadas en momentos de angustia, que expresan el sufrimiento, la protesta y la súplica. Lejos de ser marginales, son fundamentales en la vida de oración de Israel, testificando que la fe no silencia el dolor, sino que lo presenta abiertamente ante Dios.

La mayoría de los lamentos siguen una estructura reconocible. A menudo comienzan con una invocación, dirigiéndose directamente a Dios: "¿Hasta cuándo, Señor? ¿Me olvidarás para siempre?" (Salmo 13:1). A continuación, viene la queja, donde el salmista expone el problema, ya sea enfermedad, enemigos, traición o crisis nacional. Sigue una petición, instando a Dios a actuar: "¡Considera y respóndeme, Señor Dios mío!" (13:3). Muchos lamentos incluyen una expresión de confianza, recordando la fidelidad pasada de Dios como fundamento de la esperanza. A menudo concluyen con un voto de alabanza o una breve afirmación de confianza: "Cantaré al Señor, porque me ha colmado de bendiciones" (13:6). No todos los lamentos incluyen todos estos elementos, pero el patrón es lo suficientemente común como para mostrar una forma litúrgica y teológica compartida.

Los eruditos distinguen entre lamentos individuales y lamentos comunitarios. Los lamentos individuales, como el Salmo 13 o el Salmo 22, expresan el sufrimiento de una sola persona. Los lamentos comunitarios, como el Salmo 74 o el Salmo 79, hablan en nombre de todo el pueblo, a menudo en respuesta a un desastre nacional. El Salmo 74, por ejemplo, lamenta la destrucción del santuario: "Prendieron fuego a tu santuario; profanaron la morada de tu nombre, derribándola a tierra" (74:7). En ambos casos, el lamento no es solo catártico, sino teológico: presupone que Dios se preocupa y que el pueblo del pacto de Dios puede exigirle cuentas por las promesas de protección y liberación.

La prominencia de los lamentos ha sorprendido a menudo a los lectores modernos, quienes esperan que las Escrituras ofrezcan palabras de consuelo en lugar de quejas. Sin embargo, su abundancia demuestra que, en la tradición de Israel, el lamento no era una falta de fe, sino una expresión de ella. Exclamar "¿Hasta cuándo?" o "¿Por qué?" es afirmar que Dios está presente y que se puede interpelar a Dios, incluso cuando la acción divina parece ausente. El lamento mantiene viva la relación en momentos en que la alabanza parece imposible.

Algunos lamentos son especialmente impactantes por su cruda honestidad. El Salmo 88 no termina con un voto de alabanza, sino en una oscuridad sin límites: "Has hecho que amigos y vecinos me rechacen; mis compañeros están en tinieblas" (88:18). Estos salmos nos recuerdan que las Escrituras dan cabida al sufrimiento no resuelto. Otros, como el Salmo 22, atraviesan la angustia hacia una confianza renovada, una trayectoria que posteriormente moldeó la reflexión cristiana sobre la pasión de Jesús.

Los lamentos comunitarios también cumplían una función litúrgica en la formación de la memoria colectiva. Al expresar el dolor por la derrota, el exilio o la destrucción, permitían a la comunidad expresar su dolor en la presencia de Dios. Además, proporcionaban un marco para la solidaridad: los fieles compartían las cargas de los demás recitando estas palabras juntos. El hecho de que se conservaran tantos de estos salmos sugiere que no eran arrebatos ocasionales, sino recursos vitales en la vida de oración de Israel.

Teológicamente, los lamentos subrayan que la relación de Israel con Dios es de pacto y dialogal. Asumen que Dios escucha, que se le puede pedir y que la honestidad ante Él no solo es permitida, sino obligatoria. Al preservar los lamentos junto con los himnos y las acciones de gracias, el Libro de los Salmos presenta un espectro completo de fe: no solo gratitud y alegría, sino también angustia, protesta y esperanza.

Salmos de Acción de Gracias

Estrechamente relacionados con los lamentos están los salmos de acción de gracias, oraciones ofrecidas tras la liberación. Si el lamento clama "Sálvame", la acción de gracias responde: "Me has salvado". Estos salmos expresan gratitud por la sanación, el rescate o la victoria, y a menudo recuerdan la angustia de la que fue liberado el salmista.

Los salmos de acción de gracias pueden ser individuales o comunitarios. Las acciones de gracias individuales, como el Salmo 30, expresan gratitud personal: "Oh Señor, Dios mío, clamé a ti, y me sanaste" (30:2). Aquí, el salmista recuerda una crisis, tal vez una enfermedad o una experiencia cercana a la muerte, y celebra la intervención de Dios. El salmo concluye con un compromiso de alabanza continua: "Has cambiado mi lamento en danza… Oh Señor, Dios mío, te daré gracias por siempre" (30:11-12).

Las acciones de gracias comunitarias reflejan la liberación experimentada por todo el pueblo. El Salmo 124, por ejemplo, conmemora el rescate de la amenaza militar: "Si el Señor no hubiera estado de nuestro lado... vivos nos habrían tragado" (124:1-3). El salmo narra el peligro con vívidas metáforas (inundaciones, presas en la trampa del cazador) antes de afirmar: "Nuestra ayuda está en el nombre del Señor, que hizo los cielos y la tierra" (124:8). Al recordar estos recuerdos durante el culto, la comunidad fortaleció su confianza en el cuidado constante de Dios.

Estructuralmente, los salmos de acción de gracias comparten varias características con los lamentos (como recordar el peligro y expresar confianza), pero difieren en su énfasis. En lugar de comenzar con una queja, comienzan con una declaración de alabanza, pasan a un recuerdo de la obra salvadora de Dios y concluyen con una renovada acción de gracias. De este modo, transforman lo que antes era un clamor de petición en un canto de gratitud.

Teológicamente, los salmos de acción de gracias refuerzan la convicción de que no solo se invoca a Dios en tiempos difíciles, sino que se le reconoce como fuente de vida y restauración. Al recordar la liberación pasada, sustentan la fe en el futuro: el Dios que rescató antes lo volverá a hacer. Por esta razón, los salmos de acción de gracias se convirtieron en un elemento central del culto de Israel, asegurando que el recuerdo de la salvación permaneciera vivo en los ritmos de la oración.

Salmos Reales

Un grupo distintivo dentro del Libro de los Salmos se centra en la figura del rey. Estos suelen llamarse salmos reales porque se centran en la monarquía, ya sea celebrando la entronización del rey, orando por la victoria en la batalla o reflexionando sobre la alianza con David. Aunque constituyen solo una pequeña parte de la colección, sus temas son significativos porque conectan el culto de Israel con su vida política y su imaginación teológica.

Algunos salmos reales parecen haber sido compuestos para ocasiones específicas de la monarquía. El Salmo 2, por ejemplo, describe la instalación del rey en Sión por parte de Dios: "Yo he puesto mi rey sobre Sión, mi santo monte" (2:6). El salmo insiste en que las naciones no pueden derrocar al gobernante ungido por Dios, afirmando tanto la soberanía divina como la legitimidad del rey de Israel. De igual manera, el Salmo 72 ora por el reinado de un gobernante justo: "Que defienda la causa de los pobres del pueblo, libere a los necesitados y aplaste al opresor" (72:4). El rey es concebido como el mediador de la justicia y la bendición de Dios para la tierra. El Salmo 110, ampliamente citado en la tradición judía y cristiana posterior, describe al rey como gobernante y sacerdote, sentado a la diestra de Dios y dotado de autoridad perdurable.

Estos salmos resaltan la dimensión teológica de la realeza en Israel. El rey no era simplemente un líder político, sino que se entendía que gobernaba en nombre de Yahvé. Orar por la protección o el éxito del rey era, desde esta perspectiva, afirmar el reino de Dios a través del linaje davídico.

Tras la caída de la monarquía, los salmos reales adquirieron nuevos significados. En contextos postexílicos, podían interpretarse como oraciones de restauración o como retratos idealizados de una realeza que ya no existía en la práctica. En la tradición judía, a veces alimentaban la esperanza mesiánica: la expectativa de que Dios

41

suscitaría un futuro rey del linaje de David. En la interpretación cristiana, muchos de estos salmos se leían cristológicamente, como presagios de la vida, el sufrimiento y la exaltación de Jesús.

Por lo tanto, los salmos reales son importantes no solo por su significado en la monarquía de Israel, sino también por cómo fueron reinterpretados. Su ubicación dentro del Libro de los Salmos garantiza que el recuerdo de la realeza perdure en la vida de oración de Israel, incluso después de la desaparición de la institución política. Dan testimonio de la convicción de que el gobierno humano, en su mejor expresión, debía reflejar la justicia divina y anticipar su reinado definitivo.

Salmos de sabiduría

Otro grupo reconocible dentro del Libro de los Salmos se inspira en los temas y el estilo de la tradición sapiencial de Israel. Estos salmos sapiencialmente evocan preocupaciones familiares de libros como Proverbios y Job: el contraste entre los justos y los malvados, el valor de meditar en las enseñanzas de Dios y la prosperidad efímera de los malhechores. Son menos litúrgicos que los himnos o los lamentos, y funcionan más como reflexiones o instrucciones que guían una vida de fe.

El Salmo 1 es el ejemplo más claro y, apropiadamente, abre todo el libro. Presenta al lector dos caminos: "Bienaventurados los que se deleitan en la ley del Señor, y en ella meditan día y noche. Son como árboles plantados junto a corrientes de agua" (1:1-3). En cambio, "los malvados no son así, sino como paja que se lleva el viento" (1:4). La forma del salmo es menos una oración que una meditación, y su propósito es orientar la colección hacia la Torá como fundamento de la vida con Dios.

Otros salmos sapienciales adoptan la forma de reflexiones extensas. El Salmo 37, por ejemplo, aconseja tener paciencia cuando los malvados parecen prosperar: "No te irrites a causa de los malvados... confía en el Señor y haz el bien" (37:1, 3). El salmo se desarrolla casi como un conjunto de proverbios, ofreciendo repetidas garantías de que los justos perdurarán mientras que los malvados se desvanecen. De igual manera, el Salmo 49 aborda el problema de la mortalidad, advirtiendo contra la confianza errónea en las riquezas: "Los mortales no pueden permanecer en su pompa; son como los animales que perecen" (49:12). Aquí la sabiduría no es una especulación abstracta, sino un llamado a confiar en Dios en medio de las incertidumbres de la vida.

Estilísticamente, los salmos sapienciales suelen emplear formas didácticas (contrastes, proverbios, acrósticos) para reforzar su mensaje. El Salmo 119, el más extenso, es una meditación alfabética sobre la Torá, donde cada estrofa comienza con una letra sucesiva del alfabeto hebreo. Su extensión y estructura subrayan la integridad de la devoción a la instrucción divina.

Teológicamente, los salmos sapienciales amplían el alcance de la colección. Mientras que los lamentos e himnos surgen de momentos de crisis o celebración, los salmos sapienciales abordan la perspectiva de la vida a largo plazo. Recuerdan a los lectores que la adoración no se trata solo de orar en el momento, sino de moldear el carácter, desarrollar hábitos de confianza y vivir fielmente a lo largo del tiempo.

La poesía de los salmos
Paralelismo

Un rasgo distintivo de la poesía bíblica es el paralelismo, el equilibrio de los versos de modo que el segundo resuena, se intensifica o contrasta con el primero. Esta interacción de versos es el sello distintivo del verso hebreo, otorgando a los salmos su ritmo, cadencia y memorabilidad. A diferencia de las tradiciones que se basan en la rima o la métrica estricta, la maestría aquí reside en la variación y la repetición, en la forma en que un mismo pensamiento se desarrolla desde múltiples ángulos.

Robert Lowth, obispo anglicano del siglo XVIII, fue uno de los primeros en describir el paralelismo sistemáticamente, y estudiosos posteriores como Adele Berlin y Robert Alter han perfeccionado el análisis. Se suelen distinguir varios tipos comunes:

Paralelismo sinónimo: la segunda línea repite la primera con una variación. "Los cielos cuentan la gloria de Dios, y el firmamento proclama la obra de sus manos" (Salmo 19:1).

Paralelismo antitético: la segunda línea contrasta con la primera, acentuando la idea. "Porque el Señor conoce el camino de los justos, pero el camino de los impíos perecerá" (Salmo 1:6).

Paralelismo climático o escalonado: la segunda línea se basa en la primera, impulsando la idea. "Tributen al Señor, oh familias de los pueblos, rindan al Señor gloria y poder" (Sal. 96:7).

Paralelismo sintético: la segunda línea añade nueva información, ampliando la idea. "La ley del Señor es perfecta, que conforta el alma; los decretos del Señor son seguros, que hacen sabio al sencillo" (Sal. 19:7).

Estas categorías son heurísticas más que rígidas, y muchos versículos combinan características. Aun así, ilustran cómo el paralelismo funciona como motor del verso hebreo.

El paralelismo no solo define el estilo; define el significado. La repetición permite reforzar, profundizar o matizar las ideas. Crea un ritmo que facilita la memorización y hace que los salmos sean ideales para la recitación y el canto. El equilibrio entre los versos también refleja una convicción teológica: la verdad no se transmite en una sola declaración, sino que se despliega mediante el eco y la variación. De esta manera, la poesía de los salmos refleja su tema: la inagotable realidad de Dios, abordada desde diferentes perspectivas, expresada en expresiones repetidas pero frescas.

Metáfora e imágenes

Si el paralelismo estructura los salmos, la metáfora y las imágenes les dan su color y fuerza. Los Salmos utilizan metáforas e imágenes para expresar conceptos teológicos de forma clara y vívida. En lugar de formular ideas de forma analítica, las visten con imágenes extraídas de la vida cotidiana, la naturaleza y la experiencia humana. Estas imágenes hacen visible al Dios invisible a través de realidades familiares, creando un lenguaje memorable y emocionalmente impactante.

Algunas de las metáforas más perdurables describen a Dios en términos personales y relacionales. Dios es un pastor que guía y protege (Sal. 23:1), una fortaleza o roca que brinda seguridad (Sal. 18:2), un rey entronizado en majestad (Sal. 47:2) o un juez que defiende la justicia (Sal. 75:7). Cada imagen captura un aspecto del carácter divino, mientras que la variedad de metáforas impide que Dios se reduzca a un solo rol.

Los salmos también recurren con frecuencia a imágenes de la naturaleza. Montañas, ríos, tormentas y estrellas se convierten en vehículos de alabanza. El Salmo 29, por ejemplo, describe la voz del Señor como una tormenta que recorre el Líbano, quebrando cedros y desprendiendo llamas de fuego. La creación misma participa en la adoración: "Batan palmas los ríos; canten a una las colinas" (Sal. 98:8). Esta personificación del mundo natural no solo anima la poesía, sino que subraya la afirmación teológica de que toda la creación responde a su creador.

Otra imagen recurrente en los salmos es el Seol, el reino sombrío de los muertos. En la cosmovisión israelita, el Seol no era un lugar de castigo ni de recompensa, sino la tumba, el inframundo donde iban todos los muertos, aislados de la comunidad de los vivos y de la alabanza activa a Dios. Clamar: "Porque en la muerte no hay memoria de ti; en el Seol, ¿quién te alabará?" (Sal. 6:5) es protestar porque la vida se desliza hacia el silencio y la separación. Las referencias a ser "sacado del Seol" (Sal. 30:3) o salvado del "pozo" (Sal. 40:2) utilizan esta imagen para describir la liberación de la muerte o de experiencias cercanas a la muerte. Estas metáforas dieron voz a las oraciones más urgentes de los salmistas, expresando la convicción de que el poder de Dios se extendía incluso al borde de la muerte.

La experiencia humana aporta más imágenes, a menudo en momentos de crisis. Los enemigos se comparan con leones que desgarran a su presa (Sal. 7:2), inundaciones que abruman a una víctima (Sal. 69:1-2) o cazadores que tienden trampas (Sal. 124:7). Estas metáforas traducen el miedo y el peligro en imágenes concretas, permitiendo a los oyentes captar la profundidad de la angustia y la urgencia de la petición.

La metáfora y las imágenes también contribuyen a la adaptabilidad de los Salmos. Al expresarse con imágenes universales, sus palabras pueden resonar a través de culturas y siglos. Un lector moderno quizá no comparta el contexto histórico del salmista, pero el clamor de refugio en medio de una tormenta o el consuelo de un pastor siguen siendo inmediatamente accesibles. De esta manera, las imágenes anclan los salmos en la vida antigua y les permiten trascenderla.

Sonido y estructura

Si bien el paralelismo y las imágenes configuran el significado de los salmos, su sonido y estructura también desempeñan un papel vital. Estos poemas no solo fueron escritos, sino también interpretados (cantados, recitados o acompañados por instrumentos), y su forma literaria refleja esta dimensión musical.

Una característica estructural sorprendente es el acróstico alfabético, donde cada verso o estrofa comienza con una letra sucesiva del alfabeto hebreo. El Salmo 119 es el ejemplo más elaborado: 22 estrofas, cada una con ocho versos que comienzan con la misma letra, moviéndose en secuencia de aleph a taw. El efecto no es meramente ornamental, sino simbólico: el salmo presenta la devoción a la Torá como algo integral, abarcando todo el espectro del habla humana de la A a la Z. Acrósticos más cortos, como el Salmo 145, utilizan el mismo recurso para dar forma al significado y facilitar la memorización.

El sonido también contribuye a la maestría de los salmos. En hebreo, a menudo encontramos aliteración, asonancia y juegos de palabras, efectos sutiles que no siempre son visibles en la traducción. Por ejemplo, el Salmo 27:1 utiliza la repetición de sonidos similares para reforzar su afirmación: "El Señor es mi luz y mi salvación; ¿a quién temeré? El Señor es la fortaleza de mi vida; ¿de quién he de atemorizarme?". La recurrencia de sonidos refuerza el tono firme y confiado del salmo.

Otras características estructurales insinúan la interpretación de los salmos en el culto. Las sobrescripciones a veces incluyen anotaciones musicales ("según La Cierva de la Aurora" [Sal. 22], "con instrumentos de cuerda" [Sal. 4]), lo que sugiere que melodías o instrumentos específicos acompañaban las palabras. El uso frecuente de estribillos, como en los Salmos 42-43 ("¿Por qué te abates, alma mía?"), también refleja un patrón litúrgico adecuado para la recitación comunitaria o el canto responsivo.

En conjunto, estos elementos nos recuerdan que los salmos no eran textos mudos, sino composiciones vivas, diseñadas tanto para el oído como para la vista. Su estructura los hacía memorables; sus sonidos los hacían poderosos en su interpretación. Incluso al leerlos hoy, persisten vestigios de esta cualidad musical, que sumergen al lector en el ritmo del culto primitivo de Israel.

Lecturas representativas detalladas

El estudio del género y la técnica poética se aclara al aplicarlo a salmos individuales. Los siguientes ejemplos ilustran cómo la forma y el arte se complementan en la práctica, pasando del lamento a la confianza, de la alabanza a la reflexión.

Salmo 100: Un himno de alabanza gozosa

El Salmo 100 es un breve pero contundente ejemplo de himno que invita a la comunidad a una adoración exuberante. Con solo cinco versos, ilustra las características clásicas del género: una invitación inicial a la alabanza, las razones de dicha alabanza y una afirmación final del carácter de Dios.

El salmo comienza con un llamado contundente: "Cantad con gozo al Señor, toda la tierra. Adorad al Señor con alegría; venid a su presencia con cánticos" (100:1-2). Los imperativos se acumulan en rápida sucesión, y el paralelismo refuerza el llamado; cada verso intensifica el llamado a la adoración gozosa. El alcance se extiende más allá de Israel a "toda la tierra", subrayando el alcance universal de la soberanía de Dios.

La mitad del salmo proporciona la justificación de esta alabanza: "Reconozcan que el Señor es Dios. Él nos hizo, y somos suyos; pueblo suyo somos, ovejas de su prado" (100:3). Aquí se combinan las metáforas de la realeza divina y el cuidado pastoral. Dios es a la vez creador y pastor, estableciendo autoridad e intimidad a la vez.

El salmo concluye fundamentando la adoración en el carácter eterno de Dios: "Porque el

Señor es bueno; su amor constante perdura para siempre, y su fidelidad por todas las generaciones" (100:5). El término hebreo *ḥesed* (amor constante o lealtad al pacto) ancla la alabanza no en una emoción pasajera, sino en la constancia de la relación de Dios con su pueblo.

El Salmo 100 demuestra cómo funcionan los himnos en la adoración de Israel: convocan, recuerdan y celebran. Su forma compacta destila la esencia de la alabanza, orientando a los adoradores hacia la gratitud y la confianza. El equilibrio del salmo entre alcance universal, imágenes personales, estructura paralela y la seguridad del pacto muestra cómo un himno podía reunir a la comunidad y entregar su vida ante Dios en un canto alegre.

Salmo 13: Un grito de lamento

El Salmo 13 es uno de los ejemplos más claros de un lamento individual. En tan solo seis versículos, muestra la estructura común a muchos lamentos: queja, petición, confianza y alabanza.

Comienza con el clamor repetido: "¿Hasta cuándo, Señor?" (13:1-2). La cuádruple repetición transmite la profundidad de la angustia (cuánto tiempo olvidado, cuánto tiempo oculto, cuánto tiempo en agitación, cuánto tiempo oprimido por los enemigos). Aquí, versos paralelos intensifican la queja, y cada variación refuerza la sensación de abandono del salmista.

El salmo se convierte entonces en una súplica: "Considera y respóndeme, oh, Señor Dios mío; da luz a mis ojos, o dormiré el sueño de la muerte" (13:3). La combinación de "considera y responde" ejemplifica un paralelismo sinónimo, reforzando la urgencia de la súplica. La imagen de la luz que se desvanece evoca el peligro de la mortalidad, apremiando la desesperación de la intervención divina.

Sin embargo, incluso antes de que se resuelva la crisis, el salmo cambia: "Pero yo confié en tu misericordia" (13:5). Esta repentina expresión de confianza es característica de los lamentos. La confianza no borra el dolor, pero reorienta la oración hacia la esperanza cimentada en la lealtad al pacto de Dios.

El voto final completa el movimiento: "Cantaré al Señor, porque me ha colmado de bendiciones" (13:6). Las cláusulas paralelas (cantar por la generosidad de Dios) enfatizan que la alabanza no surge de un cambio de circunstancias, sino de la fe en el carácter de Dios.

El Salmo 13 demuestra así cómo la forma del lamento permite la honestidad y la protesta, a la vez que afirma la fe. Su brevedad agudiza el contraste entre la angustia y la confianza, y sus versos paralelos resaltan cómo la repetición y la variación otorgan fuerza poética a la oración. El culto de Israel dio cabida tanto a la desesperación como a la esperanza, expresadas conjuntamente en un mismo salmo breve.

Salmo 30: Un cántico de liberación y acción de gracias

El Salmo 30 es un claro ejemplo de un salmo de acción de gracias individual, que expresa la gratitud tras la liberación. El encabezamiento lo vincula con la dedicación del templo, aunque su contenido refleja una experiencia personal más que comunitaria. Su estructura ilustra el patrón típico de la acción de gracias: una declaración inicial de alabanza, un recuerdo del peligro y el rescate, y un renovado compromiso con la alabanza.

El salmo comienza: "Te alabaré, oh, Señor, porque me has exaltado, y no permitiste que mis enemigos se alegraran de mí" (30:1). El término "exaltado" sugiere un rescate de una muerte inminente, que el salmista amplía: "Oh Señor, sacaste mi alma del Seol, me devolviste la vida de entre los que descendieron a la fosa" (30:3). La imagen aquí evoca la liberación del borde de la tumba, ya sea mediante la curación de una enfermedad o el rescate de un peligro mortal.

A mitad de camino, el salmo se transforma en un discurso comunitario: "Cantad al Señor, vosotros sus fieles" (30:4). La gratitud se vuelve contagiosa, atrayendo a otros al acto de alabanza. El conocido contraste, "El llanto puede durar toda la noche, pero a la mañana llega la alegría" (30:5), captura poéticamente el paso de la angustia a la restauración.

El salmo concluye con una renovada acción de gracias: "Has cambiado mi luto en danza; me has quitado el cilicio y me has vestido de alegría"

(30:11). La imagen de la vestimenta subraya la transformación total del dolor en celebración. El versículo final compromete al salmista a una gratitud de por vida: "Oh Señor, Dios mío, te daré gracias por siempre" (30:12).

El Salmo 30 ilustra así cómo los salmos de acción de gracias transforman el recuerdo del peligro en testimonio de la acción salvadora de Dios. Su paso del peligro a la liberación y a la alabanza ejemplifica el ritmo de la fe de Israel: no solo clamando en la angustia, sino recordando dar gracias cuando llega el rescate.

Salmo 72: Un ideal de realeza

El Salmo 72 es un excelente ejemplo de salmo real, que expresa la esperanza de un reinado justo y próspero. Aunque su encabezamiento lo asocia con Salomón, el salmo funciona menos como un registro histórico que como una visión idealizada de la realeza. Ejemplifica cómo los salmos reales combinan oración, teología y poesía para expresar la comprensión de Israel sobre la monarquía.

El salmo comienza con una petición: "Oh Dios, da al rey tu justicia, y tu justicia al hijo de un rey" (72:1). Esta primera línea ya muestra un paralelismo en acción: la segunda frase intensifica la primera. La justicia y la rectitud se combinan como cualidades que definen el gobierno del rey.

El cuerpo del salmo se despliega en una serie de metáforas e imágenes que representan las bendiciones de un liderazgo justo. El rey es comparado con la lluvia refrescante: "Sea como la lluvia que cae sobre la hierba cortada, como las lluvias que riegan la tierra" (72:6). Esta simbología agrícola transmite fecundidad, abundancia y renovación vivificante. Líneas paralelas se acumulan para expandir el alcance de su reinado: de mar a mar, desde el río hasta los confines de la tierra (72:8). La visión universal contrasta con las realidades locales de la monarquía de Israel, convirtiendo el salmo en una declaración teológica de lo que debería ser la realeza bajo el gobierno de Dios.

El salmo culmina con una doxología: "Bendito sea el Señor, Dios de Israel, el único que hace maravillas" (72:18). Al concluir no con una alabanza al rey, sino a Dios, el salmo enmarca la monarquía humana dentro de la soberanía divina.

El Salmo 72 demuestra cómo funcionaban los salmos reales tanto litúrgica como teológicamente. Oraban por el reinado del rey, celebraban sus bendiciones y recordaban a Israel que la verdadera realeza refleja la justicia de Dios. Mediante paralelismos, metáforas e imágenes expansivas, el Salmo 72 eleva la visión de la monarquía a un ideal persistente, que lectores posteriores, tanto judíos como cristianos, interpretaron de manera mesiánica y escatológica.

Salmo 23: Sabiduría y confianza en el pastor

El Salmo 23 es uno de los salmos más conocidos y preciados, e ilustra cómo la sabiduría y la confianza convergen en forma poética. En lugar de pedir liberación, expresa una serena confianza en el cuidado constante de Dios. Su constante atractivo reside en la simplicidad de sus metáforas y el ritmo constante de sus versos paralelos.

El salmo comienza con una imagen definitoria: "El Señor es mi pastor; nada me faltará" (23:1). Esta metáfora del pastor transmite provisión, guía y protección. Resuena con la vida cotidiana del antiguo Israel, donde la función del pastor era guiar y defender al rebaño. La imagen se amplía en dos versos paralelos: "En verdes pastos me hace descansar; junto a aguas tranquilas me conduce" (23:2). La repetición amplifica la imagen de paz y establece la cadencia de la confianza.

A medida que avanza el salmo, el pastor se convierte en protector: "Aunque ande por valles tenebrosos, no temeré mal alguno, porque tú estás conmigo; tu vara y tu cayado me infunden aliento" (23:4). Aquí el paralelismo refuerza la confianza: el miedo se ve contrarrestado por la presencia divina, y el peligro se ve compensado por las herramientas de defensa del pastor.

En los versículos finales, la imagen cambia del campo al hogar: "Preparas una mesa delante de mí... unges mi cabeza con aceite; mi copa rebosa" (23:5). El pastor también es anfitrión, transformando la amenaza en hospitalidad. El salmo concluye con la seguridad de una pertenencia para toda la vida: "Moraré en la casa del Señor toda mi vida" (23:6).

El Salmo 23 demuestra cómo los salmos de sabiduría ofrecen más que instrucción; moldean una perspectiva de confianza. Mediante metáforas, paralelismos y una transición del pasto al banquete, describe la vida vivida en la presencia de Dios como segura, abundante y duradera.

Conclusión

El estudio de los géneros y la poesía revela que los Salmos son oraciones cuidadosamente elaboradas que expresan la adoración de Israel en toda su variedad. Siguen patrones reconocibles: himnos que invocan la alabanza de la creación, lamentos con sus llantos y peticiones, acciones de gracias que recuerdan la liberación, salmos reales que visualizan la realeza bajo Dios y salmos de sabiduría que instruyen en el camino de la justicia. Estas categorías, aunque no rígidas, nos ayudan a ver cómo los Salmos se arraigaron en la vida comunitaria y personal de Israel, abordando momentos de crisis, celebración y reflexión.

Al mismo tiempo, el poder de los salmos reside en su arte poético. El paralelismo no solo aporta ritmo y equilibrio, sino que también transmite significado y emoción, permitiendo que un mismo pensamiento se desarrolle, intensifique o contraste de forma memorable. La metáfora y las imágenes plasman ideas teológicas en imágenes vívidas, cimentando la fe en el lenguaje de la vida cotidiana y la creación. Los acrósticos, los estribillos y el juego de sonidos aportan orden y resonancia, moldeando los salmos para la memorización, la recitación y el canto. La combinación de un género reconocible y una rica técnica poética explica por qué estos textos pudieron transmitirse a través de generaciones y culturas.

Esta amplitud no es solo literaria, sino también teológica. Los géneros y la poesía moldean la forma en que los Salmos hablan de Dios, del mundo y de la vida humana. El siguiente capítulo abordará más directamente estos temas teológicos, explorando cómo los Salmos imaginan a Dios como creador, rey y refugio, y cómo dan voz a la confianza, la protesta y la esperanza.

Capítulo 4
Temas teológicos

Los Salmos no son un sistema teológico, sino un registro de fe vivida. Hablan de Dios, del mundo y de la experiencia humana no mediante proposiciones, sino mediante la oración, el canto y la poesía. En su lenguaje, la teología se siente tanto como se piensa, expresada en la confianza y el miedo, la alegría y la desesperación, la gratitud y la ira. A lo largo de sus 150 poemas, los Salmos exploran lo que significa vivir ante Dios en cada circunstancia de la existencia.

En el corazón de esta teología se encuentra la convicción de que YHWH es rey, creador, sustentador y juez del mundo. Sin embargo, esta convicción no se expresa de forma abstracta, sino mediante imágenes de gobierno, refugio y relación. Dios es un pastor que guía, una fortaleza que cobija, un soberano que reina sobre las naciones y la naturaleza por igual. Estas afirmaciones, sin embargo, coexisten con gritos de ausencia y protesta. La misma colección que celebra el poder divino también implora la ayuda de un Dios que parece oculto o silencioso.

La teología de los Salmos es, por lo tanto, profundamente relacional, marcada por la tensión entre la fidelidad divina y el sufrimiento humano. Expresa la gratitud por la creación y la alianza, pero también la angustia ante la injusticia y la pérdida. Algunos salmos expresan una ira feroz y un anhelo de retribución, especialmente aquellos escritos durante o después del exilio babilónico, cuando Jerusalén estaba en ruinas y su gente desplazada. Los pasajes que desean la violencia contra los enemigos (como en los Salmos 58 y 137) no son ideales morales, sino expresiones de trauma y protesta, donde el anhelo de justicia adquiere su forma más visceral.

Estas oraciones se basan en una cosmovisión ancestral. La muerte no se imaginaba como la entrada al cielo o al infierno, sino como el descenso al Seol (el reino sombrío y silencioso). Dado que la esperanza estaba ligada a esta vida, la urgencia de la justicia divina era inmediata. Los Salmos revelan, pues, una teología que abarca tanto la exaltación como la indignación, afirmando que toda emoción humana puede convertirse en una forma de dirigirse a Dios.

Este capítulo explora ese espectro teológico. Comienza con la representación que los Salmos hacen de Dios como rey, creador y refugio; se centra en la respuesta humana mediante el lamento, la confianza y la protesta; y concluye con su visión de la Torá, el pacto y la realeza como fundamentos de la fe.

Dios como Rey, Creador y Refugio

Entre los temas teológicos más recurrentes en los Salmos se encuentra la convicción de que

YHWH reina. Dios no es una deidad distante, sino el soberano cuyo gobierno se extiende sobre la creación, la historia y el destino de las naciones. Esta realeza no es una doctrina abstracta, sino una realidad vivida: se canta, se celebra y, a veces, se invoca con urgencia. Los salmistas hablan de Dios como entronizado sobre los diluvios (Sal. 29:10), como rey de toda la tierra (Sal. 47:7) y como aquel cuyo reino es eterno (Sal. 145:13). El gobierno divino es, por lo tanto, tanto cósmico como moral; ordena el mundo natural y garantiza la justicia para los oprimidos.

Los llamados "salmos de entronización" (Salmos 93, 96-99) ejemplifican esta teología. Cada uno proclama, de diversas maneras, el estribillo: "¡El Señor es rey!". Estos salmos probablemente se originaron en contextos litúrgicos donde la realeza de Dios se afirmaba ritualmente, quizás en las festividades del templo. El Salmo 93 comienza con majestuosa simplicidad: "El Señor es rey, se viste de majestad; el Señor se viste, se ciñe de poder" (93:1). Los versos paralelos reflejan la estabilidad que describen; Dios se "viste" y luego se "ciñe", y cada repetición refuerza la imagen de poder inquebrantable. El salmo continúa contrastando la fuerza divina con el caos de los mares: "Se han alzado los ríos, oh Señor, los ríos alzan su rugido" (93:3). Las aguas, a menudo símbolos del desorden, se calman con la voz del rey entronizado.

Esta representación de Dios como gobernante cósmico conecta la teología y la cosmología. En el antiguo Cercano Oriente, la creación no se concebía como un acontecimiento puntual, sino como el mantenimiento continuo del orden contra el caos. Al afirmar que "el mundo está firmemente establecido; jamás será conmovido" (93:1b), el salmista declara que el reino de Dios sustenta la existencia misma. La misma idea aparece en el Salmo 96, donde la estabilidad de la creación fundamenta el llamado a la alabanza universal: "Alégrense los cielos y regocíjese la tierra; […] porque él viene a juzgar la tierra" (96:11, 13). Aquí, la realeza divina implica responsabilidad moral; el Dios que gobierna la creación también la gobierna con justicia.

Estrechamente relacionado está el tema de Dios como creador, celebrado en salmos como el 8, el 19 y el 104. El Salmo 8 se maravilla ante el lugar de la humanidad dentro de la creación: "Cuando contemplo tus cielos, obra de tus dedos, … ¿qué es el ser humano para que te acuerdes de él?" (8:3-4). La imagen del artesano divino (los "dedos" de Dios creando el cosmos) presenta la majestad en términos íntimos y táctiles. El Salmo 19, a su vez, une creación y revelación: "Los cielos cuentan la gloria de Dios, y el firmamento proclama la obra de sus manos" (19:1). El paralelismo refuerza la idea de que la naturaleza misma funciona como testimonio; el día y la noche se convierten en habla. En el Salmo 104 el tema se expande en un himno panorámico de orden ecológico: Dios establece límites para los mares, provee alimento para las criaturas y renueva la faz de la tierra. La teología del salmista no es, pues, especulativa (es observacional); la fe surge de la experiencia de un mundo vivo con la presencia divina.

La realeza divina y la teología de la creación convergen en el tema del refugio. El Dios que gobierna el cosmos es también quien cobija a las personas. El Salmo 46 capta esta tensión dinámica entre la conmoción cósmica y la seguridad personal: "Dios es nuestro amparo y fortaleza, nuestro pronto auxilio en los momentos difíciles. Por tanto, no temeremos, aunque la tierra se tambalee" (46:1-2). El paralelismo vincula la estabilidad cósmica y psicológica: aunque la tierra se tambalee, Dios permanece firme. El Salmo 91 desarrolla con mayor profundidad la metáfora de la protección: "Con sus plumas te cubrirá, y bajo sus alas hallarás refugio" (91:4). La imagen de alas y sombra transforma el poder real en intimidad, sugiriendo que la soberanía divina se expresa no en la dominación, sino en el cuidado.

Este lenguaje de refugio también se extiende a la comunidad. El Salmo 18 presenta a Dios como "mi roca, mi fortaleza y mi libertador", metáforas extraídas del paisaje de acantilados y fortalezas de Israel. Sin embargo, el mismo salmo celebra la victoria en la batalla, vinculando la protección divina con la supervivencia nacional. Estas yuxtaposiciones revelan la capacidad de los Salmos para moverse entre la experiencia personal y la colectiva. El Dios que rescata al individuo es también el defensor del pueblo.

Intérpretes modernos como Walter Brueggemann y Patrick D. Miller han enfatizado que la realeza divina en los Salmos es tanto política como teológica. Proclamar "El Señor reina" era desafiar a las potencias rivales, ya fueran deidades cananeas o gobernantes imperiales. En contextos exílicos y postexílicos, esta afirmación se convirtió en un acto de esperanza: cuando la realeza terrenal había fracasado, solo el reino de Dios perduró. El lenguaje de gobierno y refugio, por lo tanto, tenía una fuerza tanto subversiva como devocional.

Al mismo tiempo, los Salmos presentan la realeza como una relación más que como una jerarquía. La soberanía de Dios se entrelaza con la lealtad al pacto (ḥesed) y la fidelidad (ʾĕmet). Estas cualidades, celebradas en himnos como el Salmo 100 ("su amor constante perdura para siempre"), revelan que el gobierno divino se basa en la confiabilidad. El rey de la creación también es el cumplidor de las promesas. Esta tensión entre majestad y misericordia subyace a la teología de los Salmos: el poder sin fidelidad inspiraría temor, pero el amor constante transforma la soberanía en seguridad.

La imagen de Dios como creador, rey y refugio forma así una tríada entrelazada. La creación establece el alcance del poder divino; la realeza articula su gobierno; el refugio expresa su cercanía. Cada metáfora reconfigura las demás.

Llamar a Dios creador es confesar dependencia; llamar a Dios rey es afirmar el orden y la justicia; llamar a Dios refugio es experimentar ese orden personalmente. Juntas expresan una visión del mundo moral y teológicamente coherente, un mundo donde la soberanía divina no es distante, sino sustentadora.

Sin embargo, los Salmos no presentan este orden como inquebrantable. Los mismos salmos que afirman la realeza de Dios también claman cuando dicha realeza parece ausente o injusta. La siguiente sección se centra en el lado humano del diálogo: el lenguaje del lamento, la confianza y la protesta mediante el cual Israel luchó con el silencio divino y el problema del sufrimiento.

Lamento humano, confianza y protesta

Si bien los Salmos proclaman la realeza y el orden creador de Dios, también dan testimonio de momentos en que ese orden parece derrumbarse. El lamento es la contraparte humana de la soberanía divina, el lenguaje de la fe que se expresa cuando Dios parece ausente. Lejos de ser marginal, constituye la categoría más extensa del Salterio. Estas oraciones de angustia, miedo y frustración revelan una teología de la relación: Israel no calla ante el sufrimiento, sino que dirige su dolor hacia Dios.

Como se mencionó anteriormente, un lamento típico sigue un patrón reconocible. Comienza con una queja ("¿Hasta cuándo,

Señor?"), continúa con una petición ("Líbrame de mis enemigos"), a menudo incluye una confesión de confianza y concluye con un voto de alabanza. Este paso de la angustia a la esperanza (aunque no siempre completo) demuestra que el lamento es en sí mismo un acto de fe. Quejarse es presumir que Dios escucha. Como observó Claus Westermann, el lamento es "un puente entre la desesperación y la alabanza", manteniendo al adorador en tensión entre la honestidad y la esperanza.

El Salmo 22 ejemplifica esta paradoja. Comienza con un clamor que resuena a través de los siglos: "Dios mío, Dios mío, ¿por qué me has abandonado?" (22:1). La repetición de "Dios mío" expresa tanto alienación como intimidad, una relación puesta a prueba, pero no rota. El salmo alterna entre la queja ("Lloro de día, pero no respondes") y el recuerdo de la fidelidad pasada ("En ti confiaron nuestros antepasados"). Esta oscilación encarna lo que Walter Brueggemann llama desorientación: una fe dislocada por el sufrimiento, pero aún orientada hacia Dios. Al final del salmo, la confianza resurge: "Me has rescatado de las astas de los búfalos" (22:21). El lamento se convierte así en una forma de realismo teológico, que rechaza la negación, pero resiste la desesperación.

Algunos lamentos, sin embargo, no se resuelven en alabanza. El Salmo 88 termina sin consuelo: "Has hecho que amigos y vecinos me rechacen; mis compañeros están en tinieblas"

(88:18). El hebreo dice literalmente: "La oscuridad es mi mejor amiga". Esta cruda conclusión no tiene paralelo en la literatura religiosa antigua. Sin embargo, su inclusión en el canon afirma que incluso el silencio de Dios puede ser llevado ante Él. Estos salmos exponen la profundidad de la honestidad de la fe: que ser fiel no significa siempre ser consolado, sino seguir hablando en la oscuridad.

La teología del lamento se intensifica en los salmos imprecatorios, donde la angustia se transforma en ira y el clamor de ayuda en una súplica de venganza. Estos textos (p. ej., Salmos 35, 58, 69, 109 y 137) se encuentran entre los más inquietantes de la Biblia. Invocan a Dios para que actúe con violencia contra los enemigos: "¡Rómpeles los dientes, oh, Dios!" (58:6); "¡Bienaventurados los que toman a tus pequeños y los estrellan contra la roca!" (137:9). Leídos aisladamente, estos versos resultan impactantes. Sin embargo, dentro de su contexto histórico, expresan el mundo moral y emocional de un pueblo que había sufrido una pérdida devastadora.

El Salmo 137, escrito tras la destrucción de Jerusalén y el exilio babilónico, expresa la amargura de los desplazados: "Junto a los ríos de Babilonia, allí nos sentábamos y llorábamos, acordándonos de Sión" (137:1). El salmo comienza con dolor, recorre el recuerdo y termina con rabia. Su deseo final de venganza no es una orden, sino un grito desde la herida del trauma. La furia del salmista es tanto teológica como emocional: si YHWH es justo, entonces los opresores deben rendir cuentas. En un mundo sin una doctrina desarrollada del más allá, la justicia debía ocurrir dentro de la historia; la venganza era la única forma imaginable de reparación. Por lo tanto, estos versículos reflejan la antigua convicción de que la realeza divina implica orden moral y el dolor de creer en ese orden cuando parece violado.

Los lectores modernos a menudo rechazan este tipo de lenguaje, pero los salmos imprecatorios cumplen una función perdurable. Dan voz a la indignación que, de otro modo, podría recaer en el interior o estallar de forma destructiva. Al dirigir la ira hacia Dios, el salmista reconoce la soberanía divina incluso en la furia. Según la teóloga Ellen Davis, los Salmos fomentan así una especie de "protesta fiel" al permitir a los fieles expresar su indignación moral como parte de su oración, invitándolos a traer todas sus experiencias (incluso las difíciles y complejas) a su encuentro con Dios.

El lamento también se entrelaza con la comprensión que los Salmos dan de la vida y la muerte. En la cosmovisión israelita antigua, la muerte no era aniquilación, sino la entrada al Seol, un reino de sombras donde la existencia continuaba sin conciencia ni alabanza. "Porque en la muerte no hay memoria de ti; en el Seol, ¿quién te alabará?" (Salmos 6:5). Dado que los muertos no podían adorar, el lamento por la liberación conllevaba una urgencia existencial: ser salvo significaba permanecer en la esfera de la vida y la relación con Dios. Por lo tanto, la súplica del salmista no es solo por seguridad, sino por la comunión, para permanecer en el ámbito de la presencia divina.

Esta teología del lamento y la mortalidad también moldea el lenguaje de la confianza. La confianza del salmista no es un optimismo ingenuo, sino una fe desafiante en medio de la incertidumbre. El Salmo 23 expresa esta tranquila seguridad: "Aunque ande por valles oscuros, no temeré mal alguno, porque tú estás conmigo". Aquí, el paralelismo refuerza la convicción: el miedo no se ve anulado por las circunstancias, sino por la compañía. De igual manera, el Salmo 62 declara: "Solo en Dios espera mi alma en silencio; de él viene mi salvación" (62:1). El silencio, que en otros salmos indica la ausencia divina, se convierte aquí en un acto de confianza.

El influyente marco de Brueggemann sobre la orientación, la desorientación y la reorientación ayuda a describir este movimiento teológico. Los salmos de orientación expresan gratitud por el orden y la bendición; los salmos de desorientación confrontan el sufrimiento y la injusticia; los salmos de reorientación celebran la renovación tras la crisis. Este patrón no es lineal, sino cíclico, reflejando el ritmo de la fe misma. La persistencia del lamento en la colección garantiza que la desorientación nunca se supere por completo; la alabanza siempre lleva consigo el recuerdo del dolor.

En conjunto, los Salmos de lamento, confianza y protesta conforman una teología de la relación. Insisten en que la fe no silencia la emoción, sino que la santifica. Lamentar es creer que la relación con Dios perdura incluso en la ira; protestar es esperar que Dios siga siendo justo; confiar es descansar en esa expectativa a pesar de su demora. Así, los Salmos modelan una espiritualidad que alberga honestidad y esperanza en una tensión creativa.

En la larga historia de la interpretación, estos salmos a menudo se han suavizado o alegorizado, transformando sus clamores en metáforas de la lucha espiritual. Sin embargo, su crudeza sigue siendo esencial. Recuerdan a los lectores que la justicia divina, para el antiguo Israel, no se pospuso a otro mundo, sino que se buscó en este, en el frágil y arriesgado espacio de la historia humana. Al preservar estas voces, el Libro de los Salmos garantiza que la oración nunca se separe de la experiencia. La misma colección que declara "El Señor reina" también se atreve a preguntar: "¿Por qué escondes tu rostro?" (Sal. 44:24).

La siguiente sección se centra en los fundamentos teológicos que sustentan este diálogo y en los temas de la Torá, el pacto y la realeza que sustentan la confianza de Israel en un Dios que manda y acompaña.

Torá, pacto y realeza

Tras las diversas emociones y formas poéticas de los Salmos se esconde una convicción unificadora: la vida con Dios está ordenada por el pacto y guiada por la Torá. Estas dos ideas (pacto y Torá) constituyen la arquitectura teológica sobre la que se asientan el culto y la identidad de Israel. Los salmos recurren continuamente a ellas, ya sea en una celebración explícita de la ley o en la suposición, más discreta, de que la relación con Dios es, en esencia, un pacto.

La Torá en los Salmos no se refiere simplemente a la instrucción legal, sino a la enseñanza divina, guía para una vida recta en armonía con los propósitos de Dios. El salmo inicial marca la pauta: "Bienaventurados los que se deleitan en la ley del Señor, y en su ley meditan día y noche" (Sal. 1:1-2). Esta visión, impregnada de sabiduría, presenta la Torá como camino y deleite, fuente de estabilidad y fecundidad. La imagen del árbol "plantado junto a corrientes de agua" (1:3) contrasta la vida firme de los fieles con la transitoriedad de los malvados. El salmo presenta toda la colección como un camino de instrucción: orar es también aprender.

El Salmo 19 profundiza esta teología al unir la creación y la revelación. Tras su himno inicial a los cielos ("Los cielos cuentan la gloria de Dios"), el salmo se dirige abruptamente a la Torá: "La ley del Señor es perfecta, conforta el alma" (19:7). Esta combinación sugiere que el orden divino se revela tanto en la naturaleza como en las Escrituras; el mundo y la palabra juntos dan testimonio del Creador. Las líneas paralelas que describen la Torá ("los preceptos del Señor son rectos, alegran el corazón; el mandamiento del Señor es claro, ilumina los ojos") vinculan la claridad moral con la alegría y la vitalidad. La obediencia aquí no es una carga, sino una renovación.

El Salmo 119, el más extenso de la colección, es una meditación sostenida sobre este tema. Su estructura acróstica (veintidós estrofas siguiendo el alfabeto hebreo) representa la totalidad: cada letra, cada aspecto de la vida, está ordenado por la instrucción de Dios. El lenguaje del salmo es íntimo y emotivo: "Tu palabra es una lámpara a mis pies y una luz a mi camino" (119:105). La Torá no es simplemente un conjunto de mandamientos, sino un medio de encuentro. El acto de recitar, recordar y guardar la ley se convierte en un acto de devoción.

Estrechamente ligado a la Torá está el tema de la alianza, la relación firme y recíproca de Dios con Israel. El término hebreo *ḥesed*, a menudo traducido como "amor constante" o "lealtad al pacto", aparece a lo largo de los Salmos. Describe el compromiso perdurable de Dios con su pueblo y, por implicación, la fidelidad que se espera a cambio. El Salmo 136 repite veintiséis veces el estribillo "porque su amor constante perdura para siempre", convirtiendo la teología en liturgia. Cada acto de creación y redención se enmarca como una expresión del amor de la alianza. La repetición misma realiza la fe que proclama, una confianza renovada mediante el recuerdo.

La alianza también fundamenta las súplicas de Israel en los lamentos. Los salmistas apelan al ḥesed de Dios precisamente cuando la fidelidad divina parece cuestionarse: "Conforme a tu misericordia, acuérdate de mí" (Sal. 25:7). Esto no es una negociación, sino una invocación de identidad: si Dios es quien Dios ha revelado ser, entonces la misericordia debe seguir. Así, los Salmos transforman la teología en diálogo. La alianza no elimina la posibilidad de duda; proporciona el lenguaje en el que se puede expresar la duda.

La tercera línea teológica entrelazada con la Torá y el pacto es la realeza, tanto divina como humana. Salmos reales como el 2, 72, 89 y 110 exploran este tema desde múltiples perspectivas. En el antiguo Israel, la realeza representaba más que la autoridad política; simbolizaba la mediación del gobierno de Dios en la tierra. El Salmo 2 describe al rey como el ungido de Dios: "Tú eres mi hijo; yo te he engendrado hoy" (2:7). Este lenguaje filial refleja el pacto entre Yahvé y el linaje de David (2 Sam. 7:14) y, por extensión, entre Dios y la nación. El salmo afirma la soberanía divina a través de la realeza humana; sin embargo, esta relación es tensa, como atestiguan salmos posteriores.

El Salmo 72 ofrece una visión de gobierno ideal: "Que defienda la causa del pobre, libere al necesitado y aplaste al opresor" (72:4). Aquí, la realeza se define por la justicia, no por la conquista. El rey ideal encarna los atributos divinos de rectitud y compasión. Sin embargo, la ubicación de este salmo al final del Libro II, seguida de la nota "Las oraciones de David, hijo de Jesé, han terminado", insinúa desilusión. El ideal persiste, pero la historia no lo ha logrado.

El Salmo 89 expresa este fracaso con su máxima intensidad. Recuerda la alianza con David ("Estableceré tu descendencia para siempre" [89:4]) solo para lamentar su aparente colapso: "Has renunciado a la alianza con tu siervo" (89:39). El salmo oscila entre la memoria y la protesta, la teología y la historia. Se afirma la realeza divina, pero la realeza humana flaquea. La respuesta, en salmos posteriores, es una reorientación: el enfoque se desplaza del trono davídico al gobierno eterno de Dios.

Esta transición refleja un importante desarrollo teológico dentro de la colección. Tras el exilio, tras la desaparición de la monarquía, los salmistas reimaginaron la realeza como perteneciente únicamente a Dios. El estribillo "El Señor reina" en los Salmos 93-99 transforma la pérdida en confesión: incluso sin un rey humano, la relación de alianza de Israel perdura porque la realeza divina es inquebrantable. El colapso del poder político se convierte así en el contexto de una renovada visión teológica.

En conjunto, la Torá, el pacto y la realeza forman una tríada coherente de significado. La Torá revela la voluntad de Dios; el pacto establece la relación; la realeza promulga el gobierno y la justicia. Cada uno depende de los demás. Sin la Torá, el pacto carece de dirección; sin pacto, la realeza se convierte en tiranía; sin realeza, la Torá y el pacto pierden su vigencia en la historia. A través de estos temas entrelazados, los Salmos articulan una teología a la vez moral y relacional, que vincula la autoridad divina con la fidelidad y la responsabilidad humana de alabar.

Los intérpretes modernos suelen describir los Salmos como "teología orada". Esto es particularmente evidente aquí. Los salmistas no razonan sobre el pacto; lo recuerdan en cánticos. No definen la Torá; meditan en ella con deleite. No teorizan sobre la realeza; invocan al rey que escucha. El resultado es una teología en movimiento, una teología donde la creencia se vive, se cuestiona y se renueva mediante la adoración.

La integración de estos temas también explica el poder perdurable de los Salmos. Se dirigen a comunidades e individuos que buscan orden en medio del cambio, justicia en medio del fracaso y fidelidad en medio del exilio. Su teología no se basa en la certeza, sino en la memoria de la relación. A través de la Torá, el pacto y la realeza, los Salmos afirman que la instrucción divina, el amor inquebrantable y el gobierno justo no son doctrinas abstractas, sino los medios por los cuales

Israel (y posteriormente, sus lectores) encuentran su lugar en la historia de Dios.

La siguiente sección unirá estos hilos para concluir, considerando cómo la visión teológica de los Salmos mantiene la diversidad y la coherencia en el equilibrio creativo, y cómo sus oraciones continúan dando forma a la imaginación teológica a través de las tradiciones.

Conclusión

La teología de los Salmos se resiste a la simplificación. A través de sus múltiples voces y contextos, expresan una fe a la vez confiada y cuestionadora, celebrante y herida. Lo que los une no es la doctrina uniforme, sino la relación, la convicción de que la vida humana, en toda su complejidad, se despliega ante Dios. Los salmistas se dirigen a Dios como rey, creador y refugio; también claman cuando ese mismo Dios parece callar. Al hacerlo, modelan una fe relacional más que sistemática, dinámica más que resuelta.

La teología de los Salmos se sustenta en la memoria: del orden de la creación, de la promesa del pacto, de la instrucción de la Torá. Estos recuerdos posibilitan tanto la alabanza como la protesta. Cuando los salmistas celebran la realeza divina, lo hacen desde una historia de exilio y renovación. Cuando apelan al amor inquebrantable de Dios (ḥesed), es porque han conocido tanto su presencia como su ausencia. Cuando meditan en la Torá, afirman que la voluntad divina no se esconde en la abstracción, sino que está inscrita en la vida cotidiana.

Esta coherencia teológica surge del diálogo. Los Salmos no hablan tanto de Dios como de Dios. Su teología no es impuesta desde fuera, sino que se descubre en la conversación entre el sufrimiento y la esperanza, la justicia y la misericordia, el silencio y el canto. De este modo, los Salmos ofrecen un mapa de la teología vivida: una que va de la orientación, pasando por la desorientación, a la renovación, sin borrar ninguna etapa del camino.

Lo que emerge es una visión de la fe que no es ingenua ni desesperanzada, una teología cantada, orada y argumentada. El siguiente capítulo pasa de la teología a la práctica, explorando cómo estas antiguas oraciones han moldeado el culto y la devoción diaria en la vida judía y cristiana a lo largo de los siglos.

Capítulo 5
Los Salmos en el Culto y la Vida Diaria

El Libro de los Salmos no solo se lee; se canta, se recita y se vive. Desde su uso inicial en el templo de Israel hasta su presencia continua en la sinagoga y la iglesia, los Salmos han funcionado como el vocabulario del culto. Dan voz a la alabanza y la protesta, a la confesión y la acción de gracias, convirtiéndose en el lenguaje compartido a través del cual las comunidades se han dirigido a Dios durante más de dos milenios. La teología, en los Salmos, nunca tuvo la intención de permanecer abstracta. Encontró su lugar en la liturgia, en el canto público y la oración personal.

En el antiguo Israel, los Salmos eran parte integral de los ritmos del culto. Muchos fueron compuestos para representaciones de culto, acompañados por instrumentos, coros o procesiones. Inscripciones como "al director del coro" o "para la dedicación del templo" sugieren su papel en el ritual organizado. Las frecuentes referencias de los salmistas a "la casa del Señor" y a ofrendas y festividades sitúan estos textos en un mundo donde la música y el sacrificio eran actos de devoción inseparables. Sin embargo, incluso cuando el culto en el templo desapareció tras el exilio babilónico y de nuevo tras la destrucción del Segundo Templo en el año 70 d. C., los Salmos perduraron. Demostraron una notable adaptabilidad, pasando del paisaje sonoro del santuario a las oraciones habladas del hogar y la sinagoga.

En la tradición judía, los Salmos se convirtieron en el marco de la oración diaria. Recitados en los servicios matutinos y vespertinos, moldeaban el ritmo espiritual de la vida. Algunos salmos (como el 145, conocido como *Ashrei)* se convirtieron en parte integral de la liturgia, mientras que otros se escogían para ocasiones o necesidades particulares. Su adaptabilidad les permitía cumplir múltiples funciones: canto, meditación, lamento o protección. Las palabras del salmista se convertían en las propias de la comunidad.

En la tradición cristiana, los Salmos también constituyeron la columna vertebral del culto. Citados a lo largo del Nuevo Testamento y cantados en las primeras asambleas, se convirtieron en el fundamento de la oración monástica, la fuente del canto medieval y la fuente de la himnología de la Reforma. A lo largo de los siglos y las diferentes confesiones, los Salmos han moldeado no solo la forma en que la gente ora, sino también cómo concibe la fe misma.

Este capítulo rastrea esa historia de continuidad y cambio: desde las raíces de los Salmos en la vida cultural de Israel hasta su reinvención en la sinagoga, la iglesia y la devoción privada. Al hacerlo, explora cómo estos poemas han permanecido como palabras vivas, formando corazones y creencias, y uniendo generaciones en un ritmo compartido de adoración y reflexión.

Los Salmos en el culto del antiguo Israel

Los orígenes de los Salmos están profundamente ligados a la vida de culto del antiguo Israel. Antes de ser recopilados en un libro, muchos de estos poemas fueron compuestos para su interpretación pública en el santuario del Templo. Los Salmos no eran simplemente meditaciones personales adaptadas posteriormente al culto; eran, en muchos casos, productos del culto, moldeados por los sonidos, gestos y símbolos del ritual del templo. Leerlos es escuchar la liturgia de una fe viva con voces alzadas en cánticos, sacrificios ofrecidos, instrumentos tocados y la comunidad reunida ante su Dios.

El Templo como Centro del Culto

En el corazón de este mundo se alzaba el templo de Jerusalén, el punto focal de la identidad religiosa y política de Israel. Los Salmos se refieren con frecuencia a "la casa del Señor", "su monte santo" o "los atrios de nuestro Dios" (Sal. 24:3; 65:4; 84:2). Estas no son metáforas, sino referencias a un entorno concreto, el complejo monumental que, según la tradición, fue construido por Salomón y posteriormente reconstruido tras el exilio. El templo fue concebido como el lugar de encuentro entre el cielo y la tierra, la morada de la presencia de Dios (*šekinah*) entre el pueblo. Era a la vez santuario y escenario, un lugar donde la comunidad representaba su relación con YHWH mediante rituales, sacrificios y cánticos.

La adoración en este contexto era multisensorial. El sonido de trompetas, címbalos, liras y arpas acompañaba los sacrificios; el aroma de las ofrendas quemadas se mezclaba con el incienso; las procesiones recorrían los atrios del templo. Los Salmos reflejan este paisaje sensorial. El Salmo 150 exige "sonido de trompeta", "laúd y arpa" y "címbalos resonantes", un crescendo de instrumentos que simboliza la alabanza total. El Salmo 68 describe a Dios "cabalgado sobre las nubes" mientras cantores y músicos encabezan la procesión hacia el santuario. Estas descripciones no son solo un adorno poético, sino ecos de la realidad del culto.

El humo ascendente de los sacrificios añadía otra dimensión sensorial. Los textos levíticos describen la ofrenda quemada como algo que producía "un aroma grato al Señor" (Lev. 1:9), expresión recurrente en los escritos sacerdotales. Para Israel, esto no era alimentar a un dios, sino una señal de aceptación divina; la fragancia simbolizaba el ascenso de la ofrenda y la restauración de la relación del adorador con Dios. Los Salmos se hacen eco de esta imagen al hablar de oraciones que se elevaban "como incienso" ante Dios (Sal. 141:2), fusionando lo físico y lo espiritual en un solo acto de devoción.

Música, coros y roles litúrgicos

La vida musical del templo se sustentaba gracias a gremios profesionales de cantantes y músicos, a menudo referidos en los encabezamientos de los Salmos como los "hijos de Coré" o "Asaf". Las crónicas y otras fuentes bíblicas describen a estos grupos como personal hereditario del templo, organizados para interpretar salmos durante sacrificios y festividades (1 Crón. 15-16, 25). Es posible que los coros se alternaran antífonamente, dando lugar al paralelismo y a los patrones de llamada y respuesta característicos de los Salmos. La frase "al director del coro" (*lamnatsēaḥ*), que se encuentra en muchos encabezamientos, sugiere tanto un director musical como una liturgia organizada.

Esta representación estructurada subraya que el culto de Israel no era espontáneo, sino ritualizado. Ciertos salmos parecen haber estado vinculados a ocasiones específicas: liturgias de entrada para los peregrinos que se acercaban al santuario (Sal. 24), ofrendas de acción de gracias por la liberación (Sal. 116), ceremonias de entronización real (Sal. 2, 72, 110) o festividades que celebraban la realeza divina (Sal. 93, 96-99). Cada contexto moldeaba el significado del texto, situando las palabras dentro de gestos, sacrificios y participación comunitaria.

Sacrificio y alabanza

Un elemento central del culto de Israel era la ofrenda de sacrificios (holocaustos, ofrendas de grano, ofrendas de paz y ofrendas por el pecado), prescritos en la Torá como medio para mantener la relación de pacto. Los Salmos presuponen este mundo, pero también reflexionan sobre su significado. El sacrificio no era una transacción mecánica, sino una expresión simbólica de devoción, agradecimiento o expiación. El Salmo 50 capta esta tensión con una claridad impactante. Dios dice: "No aceptaré toro alguno de tu casa, ni machos cabríos de tus apriscos... Ofrece a Dios un sacrificio de acción de gracias, y cumple tus votos al Altísimo" (50:9, 14). Aquí el ritual se afirma, pero se reinterpreta: la verdadera ofrenda es la gratitud y la obediencia.

Esta redefinición del sacrificio se repite a lo largo de la colección. El Salmo 51, tradicionalmente vinculado con el arrepentimiento de David, suplica: "No te complacen los sacrificios;... El sacrificio aceptable a Dios es un espíritu quebrantado" (51:16-17). El salmo no rechaza el sistema de culto, sino que lo internaliza, desplazando el énfasis del ritual externo a la disposición interior. Esta reinterpretación probablemente refleja la reflexión postexílica, cuando el templo fue destruido y el culto sacrificial se interrumpió. Así, los Salmos preservan tanto el recuerdo del sacrificio como su transformación en oración.

Sin embargo, en el período del Primer Templo (aproximadamente 960–586 a. C.), el sacrificio siguió siendo central. Estructuraba los ritmos diarios del culto con ofrendas matutinas y vespertinas acompañadas de música y salmodia (cf. Sal. 141:2). En las festividades principales, la escala se intensificaba: en Pésaj (que conmemoraba la liberación de Israel de Egipto), la Fiesta de las Semanas (que marcaba la cosecha temprana y que luego se asoció con la entrega de la Torá) y la Fiesta de los Tabernáculos (que celebraba el viaje por el desierto y la provisión divina), grandes coros y conjuntos instrumentales interpretaban salmos mientras los peregrinos se reunían de todo el país. El Salmo 84 captura el anhelo del peregrino: "Mi alma anhela, de hecho, desfallece por los atrios del Señor; … Bienaventurados los que habitan en tu casa, cantando siempre tu alabanza" (84:2, 4).

El encuentro de la liturgia y la teología

En el culto del templo, la adoración no era un mero acto humano, sino una recreación del orden divino. Cuando la comunidad cantaba sobre la realeza o la creación de Dios, afirmaba que la estabilidad del mundo dependía de la soberanía divina renovada mediante la alabanza. El templo funcionaba así como un microcosmos de la creación, donde la música y el sacrificio mantenían la armonía entre el cielo y la tierra. Esta teología subyace en muchos salmos de entronización y acción de gracias, en los que la imaginería cósmica se funde con el lenguaje ritual. Alabar a Dios era participar en el sostenimiento del mundo.

La estrecha conexión entre el sacrificio y el cántico también moldeó la comprensión que Israel tenía de la expiación y la acción de gracias. En la *todah* (ofrenda de agradecimiento), una persona liberada de un peligro traía una ofrenda animal o de grano, acompañada de un testimonio público de gratitud, lo que probablemente sirvió de contexto para muchos salmos de acción de gracias (como el Salmo 30 o el 116). La historia de rescate de la persona se convirtió en parte del culto comunitario, integrando la experiencia personal en la memoria nacional.

Con el tiempo, esta fusión de ritual y poesía permitió que los Salmos trascendieran el templo mismo. Cuando el sacrificio físico ya no era posible, la recitación de los salmos se convirtió en su sustituto. La oración se describía como "las becerras de nuestros labios" (Oseas 14:2), como una ofrenda de palabras en lugar de animales. Esta espiritualización del sacrificio aseguró la supervivencia del culto de Israel tras la destrucción del templo.

Del culto al canon

La preservación de los Salmos en forma escrita refleja esta transición de la interpretación a la escritura. Lo que antes se cantaba en momentos litúrgicos específicos fue finalmente recopilado, editado y canonizado como el registro perdurable del culto de Israel. El paso de lo oral a lo escrito, del culto a lo canónico, no disminuyó su vitalidad; la prolongó. Los salmos continuaron funcionando como liturgia viva, primero en el Segundo Templo, luego en la sinagoga y, más tarde, en la iglesia.

Esta historia nos recuerda que los Salmos son a la vez poesía y memoria ritual. Contienen rastros de los instrumentos, sacrificios y procesiones que les dieron vida. Su lenguaje de ofrenda y alabanza, de los atrios del templo y el monte santo, no es una floritura metafórica, sino el remanente de un mundo en el que la teología se cantaba, no se hablaba.

La siguiente sección explorará cómo esa teología cantada fue reinventada en la práctica judía posterior a medida que los Salmos pasaban del santuario a la sinagoga y del sacrificio a la oración hablada, convirtiéndose en la columna vertebral de la liturgia judía y la devoción diaria.

Los Salmos en la oración y la tradición judía

Cuando el templo de Jerusalén fue destruido en el año 586 a. C., el culto en Israel afrontó una profunda crisis. El centro del sacrificio, la música y la peregrinación desapareció, y con él el escenario público de gran parte de la interpretación original de los Salmos. Sin embargo, en lugar de desaparecer, el uso de los Salmos se adaptó. Su carácter poético y musical los hizo portátiles; podían rezarse en cualquier lugar. Durante el exilio y después, se convirtieron en el puente entre el ritual del templo y la emergente vida de la sinagoga.

Del templo a la sinagoga

Durante el exilio babilónico y los siglos posteriores, los Salmos fueron gradualmente recontextualizados para un mundo sin sacrificios. La oración y el estudio de la Torá sustituyeron a las ofrendas, y la recitación de los salmos se convirtió en un acto principal de devoción. La sinagoga, que en sus inicios fue una asamblea para la lectura y la oración, se basó en gran medida en el lenguaje salmista para dar forma a su liturgia. Muchos salmos que antes acompañaban actos rituales ahora se recitaban como oraciones por derecho propio.

Durante el período del Segundo Templo (516 a. C. – 70 d. C.), el canto y la recitación de los salmos se habían vuelto parte integral del culto judío. Josefo describe que los coros levíticos continuaban actuando en el templo, mientras que las comunidades de otros lugares (especialmente en la *diáspora)* adoptaron la lectura de los salmos como sustituto de la participación directa en los ritos del templo. Los Rollos del Mar Muerto, en particular el *Rollo de los Salmos* (11 QPs [a]), muestran que los Salmos se copiaban, reorganizaban y complementaban de maneras que reflejan un uso litúrgico activo. Para grupos como la comunidad de Qumrán, los Salmos no solo eran escritura, sino también una plantilla para componer nuevos himnos. Esta reutilización creativa indica cuán profundamente el libro había entrado en la imaginación religiosa judía.

Los Salmos en el ciclo diario de oración

Con el tiempo, salmos específicos se asociaron a momentos regulares de oración. Las recitaciones matutinas y vespertinas se basaban en textos que hablaban del amanecer y el anochecer (p. ej., Salmos 3, 4, 5, 63, 91). El Salmo 92, denominado "para el día de reposo", se cantaba semanalmente en el culto del templo y posteriormente se incorporó a la liturgia sabática en la sinagoga, una práctica que continúa en el culto judío actual. De este modo, la recitación de los salmos estructuraba el tiempo, marcando el ritmo de cada día y semana con un lenguaje de alabanza, confianza y recuerdo.

Entre los ejemplos más destacados se encuentra el Salmo 145, conocido por su palabra inicial *Ashrei* ("Bienaventurados los que…"). Este himno acróstico de alabanza, que ensalza la bondad y la compasión de Dios, se convirtió en un elemento fijo de las oraciones matutinas y vespertinas. Su verso final, "El Señor está cerca de todos los que lo invocan con sinceridad" (145:18), captura la teología que hizo indispensable la oración salmista: la proximidad a Dios ya no dependía del templo, sino del acto de invocar su nombre.

Otro grupo litúrgico importante es el Hallel (Salmos 113-118), recitado durante las grandes festividades de peregrinación de la Pascua, las Semanas y los Tabernáculos, y posteriormente en

Janucá y la luna nueva. Estos salmos celebran la liberación de Israel por parte de Dios, pasando del recuerdo del éxodo a la acción de gracias por su protección continua. Sus repetidas exclamaciones de *alelu-Yah* ("alaben al Señor") los hicieron ideales para el canto comunitario y siguen siendo uno de los textos más familiares de la oración judía.

Salmos de protección, sanación y piedad personal

Más allá del culto público, los Salmos también se convirtieron en parte de la devoción personal. Su forma poética, brevedad y alcance emocional los hacían adecuados para la recitación privada en momentos de necesidad. Ciertos salmos se asociaban con propósitos específicos: el Salmo 91 para la protección contra el peligro, el Salmo 121 para los viajes, el Salmo 30 para la recuperación de la enfermedad y el Salmo 51 para el arrepentimiento. Manuscritos, amuletos e inscripciones de finales del Segundo Templo y principios de los períodos rabínicos muestran que los salmos a veces se escribían o se llevaban como textos protectores, un uso apotropaico (es decir, protector) que difuminaba la frontera entre la oración y el talismán.

La literatura rabínica da fe de esta flexibilidad devocional. El Talmud registra salmos utilizados para consolar en la enfermedad y el duelo, y el Midrash sobre los Salmos (*Midrash Tehillim*) los interpreta como instrucción moral y teológica. Así, los Salmos se convirtieron tanto en libro de oraciones como en maestro, moldeando no solo el ritual sino también la reflexión ética. El ideal rabínico de *la kavaná,* la intención sincera en la oración, resonó con la forma directa y personal en que los salmistas se dirigían a Dios.

Los Salmos y la formación del Sidur

A medida que la liturgia judía se desarrolló, en particular tras la destrucción del Segundo Templo en el año 70 d. C., el material salmístico se integró en el sidur (libro de oraciones) emergente. Los Salmos proporcionaron el vocabulario para bendiciones, doxologías e himnos a lo largo del servicio. El Salmo 95 abre la liturgia de Kabalat Shabat ("Recibiendo el Shabat"); los Salmos 145-150 forman la secuencia culminante del servicio matutino; y versículos de los Salmos aparecen en la Amidá y el Kadish. Su lenguaje de alabanza y confianza ofreció el marco para acercarse a Dios en la oración estructurada.

En este período, la teología de los Salmos experimentó un cambio sutil. Mientras que el culto en el templo enfatizaba la presencia divina en un solo lugar, la recitación en la sinagoga enfatizaba la accesibilidad de Dios en cualquier lugar. Las palabras del salmista se convirtieron en un medio para entrar en el tiempo sagrado, en lugar del espacio sagrado. La recitación era en sí misma una forma de ofrenda, un "sacrificio de labios" (Oseas 14:2).

Memoria, identidad y exilio

La perdurabilidad de los Salmos en la vida judía se debe en gran medida a su papel en el mantenimiento de la identidad durante el desplazamiento. En el exilio, recitar los salmos mantenía viva la memoria de Sión y la esperanza de restauración. El Salmo 137, que lamenta: "¿Cómo cantaremos el cántico del Señor en tierra extranjera?" (137:4), paradójicamente se convirtió en el cántico de los exiliados. Su preservación dentro del canon garantizó que la experiencia de la pérdida se convirtiera en parte del culto continuo. Mediante la repetición, los Salmos convirtieron la memoria en ritual, una forma de mantener viva la fe a través de siglos de dispersión.

Los Salmos como Escritura Viva

A finales de la Antigüedad, los Salmos ocupaban una posición única en la tradición judía: eran la porción de la Escritura más recitada y la más profundamente asimilada. Su lenguaje poético los hacía adaptables a nuevos contextos; su amplitud teológica les permitía expresar cada condición humana. Se cantaban en comunidad en la sinagoga, se susurraban en privado en casa y se estudiaban como instrucción moral. Pocos textos bíblicos han combinado estas funciones con tanta fluidez.

La perdurabilidad de los Salmos reside en esta fusión de lo público y lo personal, de la forma fija y el significado espontáneo. Se convirtieron en el corazón de la oración judía no porque ofrecieran certeza doctrinal, sino porque proporcionaban palabras para cada circunstancia (gratitud y dolor, alegría y protesta, anhelo y paz). A través de ellos, generaciones de fieles aprendieron a hablar con Dios en continuidad con las voces de sus antepasados.

La siguiente sección se centra en la tradición cristiana, donde los Salmos también se convirtieron en fundamentales: traducidos, cantados y reinterpretados en la oración monástica, el canto medieval y el canto de la Reforma. Si bien los contextos cambiaron, la convicción permaneció inalterada: que estos antiguos poemas aún podían dar voz a la fe.

Los Salmos en el culto y la devoción cristianos

Los Salmos pasaron a la tradición cristiana como escritura heredada y oración viva. Los primeros cristianos, judíos, ya conocían los Salmos de memoria y los utilizaban en su culto. El propio Nuevo Testamento cita o alude a los Salmos más que a cualquier otro libro de la Biblia hebrea, interpretándolos a la luz de la vida, muerte y resurrección de Jesús. Desde estos inicios, los Salmos se convirtieron en el corazón del culto cristiano, moldeando su oración, teología y música durante casi dos milenios.

Los Salmos en el Nuevo Testamento y la Iglesia Primitiva

Para los primeros cristianos, los Salmos no fueron reemplazados por nuevas composiciones, sino reinterpretados como proféticos y cristológicos. El grito de Jesús desde la cruz: "Dios mío, Dios mío, ¿por qué me has abandonado?" (Marcos 15:34; Mateo 27:46), cita el Salmo 22, identificando su sufrimiento con el lamento del salmista. La iglesia primitiva interpretó estos momentos como cumplimientos de las Escrituras: el justo sufriente de los Salmos prefiguraba al Cristo crucificado. Asimismo, el Salmo 110 ("Dijo el Señor a mi Señor: 'Siéntate a mi diestra...'") se leía como un anticipo de la exaltación de Cristo.

El libro de los Hechos describe a los apóstoles orando con lenguaje salmista y citando los Salmos para interpretar los acontecimientos. La traición de Judas, por ejemplo, se lee a través del Salmo 69 ("Que su morada quede desolada", 69:25), donde el clamor del salmista contra la traición se reinterpreta como profético. Para la iglesia primitiva, tales citas confirmaban que incluso los actos de traición y pérdida estaban dentro del plan divino, convirtiendo el lamento en revelación (Hechos 1:20). La Carta a los Hebreos también basa gran parte de su argumento en citas salmistas, citando pasajes como el Salmo 2 ("Tú eres mi Hijo; yo te he engendrado hoy") y el Salmo 110 ("Tú eres sacerdote para siempre según el orden de Melquisedec") para presentar a Jesús como Hijo divino y sumo sacerdote eterno. Este uso de los Salmos muestra la profunda influencia que esta colección tuvo en la imaginación y la teología cristianas primitivas. Los Salmos proporcionaron un vocabulario para la adoración, la teología y la misión, un recurso bíblico ya adaptado tanto a la alabanza como al sufrimiento.

Para los siglos II y III, padres de la Iglesia como Atanasio, Orígenes y Agustín escribieron comentarios sobre los Salmos. Atanasio los describió célebremente como un "espejo del alma": en ellos, dijo, cada creyente encuentra las palabras adecuadas para cada condición de vida. *Las Enarrationes in Psalmos de Agustín* los interpretaron como la voz de Cristo y de la Iglesia, como Cristo orando en sus ·miembros, la Iglesia orando en Cristo. Esta doble lectura permitió a los cristianos reivindicar la continuidad con las Escrituras de Israel, a la vez que les encontraban un nuevo significado.

El Salterio Monástico

La expresión más perdurable del compromiso cristiano con los Salmos se dio a través del movimiento monástico. En el siglo IV, con la formación de comunidades monásticas en Egipto y Oriente Próximo, la recitación de los salmos se convirtió en su disciplina central. Los Salmos no solo se cantaban, sino que se memorizaban; organizaban el día y estructuraban la vida espiritual.

La Regla de San Benito (c. 530 d. C.) codificó esta práctica para el monacato occidental. Benito instruyó que se recitara el Salterio completo cada semana, un ritmo exigente que moldeó la espiritualidad monástica durante siglos. Los Salmos se convirtieron así en la oración continua de la iglesia, resonando en los claustros día y noche. Cada una de las horas canónicas (Maitines, Laudes, Prima, Tercia, Sexta, Nona, Vísperas y Completas) estaba anclada en la salmodia. La repetición de los Salmos no era una recitación mecánica, sino una disciplina de formación: mediante la exposición constante, los monjes interiorizaban la Escritura hasta que moldeaba su vida interior y su habla.

En este contexto monástico, los Salmos se percibían como escritura y canto. Se cantaban en latín, a menudo en los modos musicales que evolucionaron hasta convertirse en el canto gregoriano. La fluida melodía del canto, siguiendo el ritmo de la poesía hebrea, permitía que el texto fuera a la vez inteligible y meditativo. Esta fusión de música y escritura dio origen a una forma distintiva de arte cristiano, que unía la reflexión teológica con la devoción estética.

Tradiciones medievales y vernáculas

A lo largo de la Edad Media, los Salmos siguieron siendo la columna vertebral de la liturgia de la Iglesia. Cada Misa incluía elementos salmísticos: el Introito (el canto de entrada que abría el servicio), el Gradual (un salmo cantado entre las lecturas) y el Ofertorio (cantado durante la presentación de las ofrendas) se extraían de textos salmísticos. El Oficio Divino diario (el ciclo de oraciones recitadas a horas fijas a lo largo del día) también giraba en torno a su recitación continua. Los salterios iluminados, manuscritos ricamente decorados que contenían el texto de los Salmos, a menudo con comentarios, notación musical e ilustraciones en miniatura, se convirtieron en valiosos libros devocionales, utilizados tanto por monjes como por laicos para la oración y la meditación.

Los Salmos también moldearon la teología y la imaginación cristianas. Los escritores medievales recurrieron a la imaginería salmista para expresar el anhelo de Dios, la lucha contra el pecado y la esperanza de redención. El Salmo 42 ("Como el ciervo anhela las corrientes de agua") inspiró la reflexión mística sobre el deseo de unión divina. El Salmo 51, el gran salmo penitencial, se convirtió en un elemento central de la práctica confesional y la devoción cuaresmal.

Con la expansión de la alfabetización, los Salmos estuvieron entre los primeros textos bíblicos traducidos para la oración privada. En Inglaterra, el Libro de Horas solía comenzar con los "Siete Salmos Penitenciales" (6, 32, 38, 51, 102, 130, 143), que guiaban a los lectores en la confesión y el arrepentimiento. De esta manera, el lenguaje salmista se incorporó a la lengua vernácula mucho antes de que existieran traducciones completas de la Biblia.

La Reforma y la salmodia vernácula

El siglo XVI marcó una nueva etapa en la historia cristiana de los Salmos. Reformadores como Martín Lutero y Juan Calvino mantuvieron los Salmos como el núcleo del culto, pero insistieron en que se cantaran en la lengua del pueblo. Lutero, quien llamó a los Salmos "una pequeña Biblia", produjo paráfrasis en alemán y musicalizó varias de ellas. El *Salterio de Ginebra de Calvino* (1562) proporcionó traducciones métricas de los 150 salmos para el canto congregacional, con melodías sencillas accesibles para el público común.

Esta salmodia vernácula moldeó profundamente la devoción protestante. En la tradición reformada, congregaciones enteras cantaban los Salmos semanalmente; en contextos luteranos, las paráfrasis de los salmos se convirtieron en algunos de los primeros himnos. La primera edición del *Libro de Oración Común Anglicano* (1549) dispuso los Salmos para su recitación mensual, asegurando que todos los feligreses los encontraran con regularidad. Gracias a estas traducciones y arreglos musicales, los Salmos se integraron en el tejido cultural y lingüístico de Europa.

Los Salmos como oración personal

Junto con la liturgia pública, los Salmos alimentaron la devoción privada. En monasterios, catedrales y hogares, las personas recurrían a los Salmos como compañeros de oración. Su gama de emociones, lamentos, alegría, confianza, ira y esperanza, daban voz a las complejidades de la fe. La observación de Agustín de que "el salmista habla por todos nosotros" resonó profundamente.

Este uso personal de los Salmos persistió en todas las confesiones. Místicos católicos, reformadores protestantes y, posteriormente, pietistas encontraron en ellos palabras para la intimidad con Dios. La confianza del Salmo 23, el arrepentimiento del Salmo 51 y la seguridad del Salmo 121 se recitaban en momentos de necesidad. Los Salmos también proporcionaban un lenguaje para la muerte y el morir: tanto los manuales de oración medievales como los de la Reforma prescribían salmos específicos para los enfermos y moribundos, afirmando la continuidad entre el culto comunitario y el individual.

Los Salmos como puente entre tradiciones

A lo largo de los siglos, los Salmos han servido de puente entre el culto judío y el cristiano. Ambas tradiciones leen y cantan los mismos textos, aunque con diferentes interpretaciones y expresiones musicales. En ambos, los Salmos mantienen el ritmo de la oración diaria y expresan la gama completa de la respuesta humana a Dios.

Esta herencia compartida ha sido a menudo un punto de encuentro en el diálogo interreligioso, un recordatorio de que antes de las divisiones teológicas existía un lenguaje común de alabanza y lamento.

La perdurabilidad de los Salmos en el culto cristiano reside, por lo tanto, no solo en su antigüedad, sino también en su adaptabilidad. Ya sea cantados en latín, con rima métrica para el canto congregacional o rezados en silencio en traducción, siguen expresando la esencia del culto: el encuentro de la voz humana y la presencia divina. A lo largo de siglos de cambios teológicos, han permanecido como el cancionero de la iglesia, no como una reliquia del pasado, sino como un ritmo vivo de fe.

Devoción privada y memorización

Si el templo fue el hogar original de los Salmos, y la sinagoga y la iglesia su escenario público, su influencia final ha sido el corazón privado. A lo largo de la historia judía y cristiana, los Salmos no solo se han recitado en el culto comunitario, sino que se han interiorizado mediante la memorización y se han utilizado como compañeros en la soledad, el estudio y la contemplación. Su portabilidad (lingüística, emocional y teológica) les ha permitido trascender las fronteras del entorno y las circunstancias, encontrando un lugar en el ritmo de la vida cotidiana.

Los Salmos en el Hogar

Desde tiempos remotos, la recitación de salmos se integró en la práctica doméstica. En la tradición judía, las familias recitaban salmos juntas durante las comidas, los sabbats y las festividades. El Hallel (Salmos 113-118) se cantaba en los hogares durante la Pascua judía, y los salmos de ascensión (Salmos 120-134) acompañaban las peregrinaciones a Jerusalén. Esta integración de las Escrituras y la vida cotidiana hizo de los Salmos no solo textos de adoración, sino también de identidad, un lenguaje que moldeaba la cadencia de la experiencia cotidiana.

El entorno doméstico también se convirtió en una escuela de memoria. A los niños se les enseñaban los salmos como parte de su instrucción religiosa temprana, aprendiendo no solo las palabras, sino también las actitudes de reverencia y confianza que transmitían. La literatura rabínica registra que los jóvenes estudiantes comenzaban su educación con el Libro del Levítico y los Salmos, porque eran textos de pureza y alabanza. Memorizar los salmos se convirtió así en un acto formativo, grabando los ritmos de la oración en la memoria mucho antes de que se generalizara la alfabetización.

En siglos posteriores, los hogares cristianos adoptaron prácticas similares. Los Salmos se utilizaban para la oración familiar, especialmente por la mañana y por la noche, y se enseñaban versículos a los niños como instrucción moral y consuelo. El Salmo 23, con sus imágenes del pastor y el valle de sombra, era uno de los más memorizados. El resultado fue un vocabulario espiritual común, compartido a lo largo de generaciones.

La memorización como formación

Tanto en el contexto judío como en el cristiano, memorizar los Salmos no era simplemente un ejercicio educativo, sino una forma de formación espiritual. Memorizar los Salmos significaba dejar que sus palabras habitaran la conciencia, listas para aflorar en momentos de alegría, temor o necesidad. Así, los Salmos se convirtieron en lo que Agustín llamó *cibus cordis,* "alimento para el corazón".

La cultura monástica desarrolló esta idea hasta convertirla en una disciplina. Los novicios debían aprenderse de memoria grandes porciones de los Salmos; algunos podían recitar los 150 de memoria. La repetición del texto, día tras día, no pretendía impresionar, sino transformar y reemplazar el discurso egocéntrico por el discurso bíblico. Cuando la Regla de San Benito prescribía la recitación semanal de todo el Salterio, era porque los Salmos se entendían como el lenguaje mediante el cual el alma aprendía a orar.

Fuera de los muros monásticos, la memorización cumplía una función similar. En tiempos de persecución o exilio, cuando los libros escaseaban o estaban prohibidos, los creyentes recurrían a lo que habían almacenado en la memoria. Los Salmos, breves, rítmicos y emocionalmente directos, eran especialmente adecuados para esta preservación oral. De esta manera, funcionaban como escritura y como recurso de supervivencia, recursos que se conservaban en la mente cuando los textos escritos no podían llevarse en la mano.

Salmos del Corazón

La devoción personal a los Salmos a menudo se concretaba en la lectura meditativa, una práctica que los escritores medievales describían como *ruminatio* (literalmente, "masticar"). Recitar un salmo lentamente, repitiendo sus frases, era saborear su significado y dejar que moldeara los afectos. El objetivo no era el análisis, sino el encuentro.

Este uso contemplativo de los Salmos produjo una literatura devocional perdurable. En la Edad Media, figuras como Anselmo de Canterbury y Bernardo de Claraval emplearon el lenguaje salmista en sus oraciones, combinando petición, reflexión y alabanza. El Salmo 139, con su íntima representación del conocimiento divino ("Oh Señor, me has examinado y conocido"), fue elegido con frecuencia para la meditación y el autoexamen. El Salmo 51, la gran confesión de pecados, se convirtió en el modelo de la oración penitencial, mientras que la sed de Dios del Salmo 63 ("Mi alma tiene sed de ti, mi carne te anhela") expresaba el anhelo místico de unión.

En siglos posteriores, escritores devocionales de distintas tradiciones continuaron esta práctica. Los Salmos se leían no solo para consolar, sino como espejos de reflexión moral. Los salmos imprecatorios, con sus feroces clamores de justicia, se reinterpretaban interiormente: los enemigos que debían ser destruidos eran los vicios del alma. Esta lectura alegórica permitía apropiarse de toda la gama de emociones salmistas sin negar su complejidad moral.

Los Salmos en el sufrimiento y la muerte

Pocos textos bíblicos han acompañado el sufrimiento humano con tanta persistencia como los Salmos. Su inquebrantable honestidad sobre la desesperación y la pérdida los ha hecho indispensables en momentos de crisis. En la tradición judía, salmos como el 23, el 91 y el 121 se recitan en funerales y junto a tumbas, afirmando la confianza en la protección de Dios incluso en la muerte. El Kadish, aunque no está extraído de los Salmos, evoca su cadencia de alabanza en medio del duelo.

En la práctica cristiana, los Salmos también han conformado el lenguaje del lamento y el consuelo. *El Oficio de Difuntos,* recitado por los difuntos, se compone principalmente de versos salmísticos; el Salmo 130 ("Desde lo más profundo clamo a ti, Señor") se convirtió en la oración arquetípica de penitencia y esperanza. La costumbre de recitar salmos por los moribundos persistió hasta la época moderna, y sus palabras familiares ofrecían estructura y consuelo cuando otras formas de expresión fallaban.

Este uso de los Salmos en el sufrimiento refleja su singular equilibrio teológico: permiten la protesta sin irreverencia y la esperanza sin negación. Dan voz a la fe en la adversidad, una fe que perdura precisamente porque puede expresar sus dudas en voz alta.

Los Salmos en el mundo moderno

Incluso en la era de los medios impresos y digitales, la antigua práctica de memorizar y recitar salmos no ha desaparecido. Muchas comunidades judías y cristianas contemporáneas mantienen lecturas diarias o semanales de los salmos; otras utilizan versículos de los salmos en formas musicales o meditativas. La adaptabilidad de los Salmos persiste: aparecen en obras corales, diarios personales e incluso en poesía profana. El lenguaje de los Salmos de la versión King James, en particular, ha entrado en el vocabulario moral y emocional de las culturas angloparlantes, moldeando modismos y metáforas mucho más allá del ámbito religioso.

Los Salmos también siguen cumpliendo propósitos interreligiosos y ecuménicos. La recitación compartida se ha convertido en un símbolo de unidad, especialmente en momentos de tragedia o conmemoración. Ya sea cantados en hebreo, en latín o leídos en silencio en traducción, los Salmos siguen siendo capaces de reunir diversas voces en un único acto de reflexión y solidaridad.

Palabra y memoria

La historia de los Salmos en la devoción y memorización privada revela su extraordinaria adaptabilidad. Comenzaron como cantos del templo, pero su portabilidad los convirtió en cantos del corazón. Su ritmo favorece la memoria; su profundidad emocional sustenta la oración; su lenguaje conecta la experiencia personal con la fe colectiva. Memorizar un salmo es participar en una conversación intergeneracional, una conversación que conecta al adorador con los cantores de Israel, los monjes del desierto y todos los que alguna vez han convertido el lenguaje en oración.

En este sentido, los Salmos no son simplemente textos para estudiar o interpretar, sino palabras para habitar. Siguen enseñando, consolando y transformando, precisamente porque se aprenden de memoria, en ambos sentidos de la palabra, se graban en la memoria y se absorben en la vida del alma.

Conclusión

La historia de los Salmos en el culto y la vida cotidiana presenta una notable continuidad en medio de un cambio constante. Compuestos para los rituales de sacrificio y canto del templo, sobrevivieron a la pérdida de ese mundo transformando el culto mismo. Lo que antes se cantaba ante el altar se convirtió en la oración hablada de la sinagoga y, posteriormente, en el canto de la iglesia. Cada transición preservó la idea central de los Salmos: que la alabanza, el lamento y la acción de gracias no están ligados a un solo lugar o tiempo, sino a la relación duradera entre Dios y el pueblo que invoca su nombre divino.

A lo largo de los siglos, los Salmos han marcado el ritmo de la devoción comunitaria y personal. En la tradición judía, estructuraron el ciclo diario de oración y mantuvieron la identidad durante el exilio. En la práctica cristiana, se convirtieron en la voz constante de la Iglesia: recitados en monasterios, cantados en coros parroquiales y susurrados en soledad. Las mismas palabras que una vez se elevaron con incienso en el templo continuaron elevándose en idiomas y melodías a través de los continentes.

Lo que confiere a los Salmos su poder perdurable no es solo su antigüedad o maestría, sino su capacidad de integrar la experiencia humana en la adoración. Enseñan que la fe puede expresarse en la alegría y la tristeza, en la confianza y la protesta, y que dicha expresión es en sí misma un acto de confianza. Ya sea proclamados en la asamblea o recordados en silencio, los Salmos siguen siendo el latido viviente de la fe bíblica:

palabras antiguas que siguen moldeando el sonido de la oración.

Capítulo 6
El lenguaje vivo de la adoración

Los Salmos y el camino de la fe

Seguir el Libro de los Salmos desde sus inicios históricos hasta su resonancia moderna es rastrear una de las trayectorias más largas y variadas de la historia cultural de la humanidad. La colección, que comenzó como un conjunto de canciones hebreas, compuestas en cortes, santuarios y hogares, se ha convertido en uno de los corpus de poesía religiosa más perdurables del mundo. Ha sobrevivido a la destrucción de templos, al colapso de imperios y a los cambiantes lenguajes de la fe. Sin embargo, a través de todos esos cambios, los Salmos se han mantenido reconociblemente intactos: un punto de encuentro entre la interpelación divina y la experiencia humana. Desde las primeras etapas del culto israelita, estos poemas expresaron alegría y tristeza, alabanza y protesta, agradecimiento y necesidad. Surgieron de circunstancias reales de guerra y victoria, cosecha y hambruna, exilio y retorno, pero su lenguaje elevó esas experiencias a un registro que trascendió el momento. Cuando generaciones posteriores los recopilaron en lo que ahora llamamos el Libro de los Salmos, crearon no solo una antología de versos antiguos, sino un mapa espiritual: una guía para vivir con fidelidad en medio de las fluctuaciones de la historia. La erudición moderna ha demostrado que los Salmos nunca fueron estáticos. Su compilación, edición y reinterpretación reflejan el dinamismo de la fe de Israel. A medida que el poder político menguaba y el ritual del templo daba paso a la memoria, los Salmos proporcionaron continuidad: un medio para mantener la identidad cuando las instituciones flaqueaban. Transmitieron la teología de Israel a nuevas formas (oral, escrita, cantada y orada). De esta manera, los Salmos se convirtieron en lo que podría llamarse la autobiografía espiritual de un pueblo: un registro de la angustia y la esperanza, la culpa y el perdón, la alienación y la restauración.

Poesía, teología y la voz humana

En el corazón de los Salmos reside su poesía. No son tratados doctrinales ni argumentos filosóficos, sino arte elaborado. El paralelismo (el equilibrio de versos que evocan o intensifican el significado) crea ritmo y tensión. Las imágenes extraídas del pastoreo, la realeza, la tormenta y el santuario hacen tangibles las ideas abstractas. Mediante la metáfora, Israel habló de Dios no como una idea, sino como presencia: una roca, un refugio, un pastor, un rey entronizado sobre el diluvio. Este modo poético tiene implicaciones teológicas. Los Salmos enseñan no por definición, sino por evocación. Incitan al adorador a participar: "Gustad y ved qué bueno es el Señor". Su verdad es más relacional que conceptual, y se descubre en el diálogo más que en la declaración. Al dirigirse directamente a Dios, transforman la teología en oración. Igualmente impactante es su alcance emocional. Pocos textos de la antigüedad son tan francos sobre la ira, el miedo o la desesperación. Los lamentos expresan la sensación de ausencia divina; los himnos responden con júbilo a la presencia divina. Entre ambos se encuentra una teología de la fe profundamente honesta, que asume la relación incluso cuando esta es tensa. En esta tensión entre la confianza y la protesta reside la genialidad de los Salmos. No resuelven las contradicciones de la vida, sino que las contienen en el lenguaje, insistiendo en que toda emoción humana puede ser llevada ante Dios.

Del templo al texto: la transformación del culto

La evolución de los Salmos refleja las transformaciones del culto de Israel. En el período del Primer Templo (c. 960–586 a. C.), formaban parte de un sistema de sacrificios en el que el canto acompañaba a la ofrenda. El incienso y la melodía se elevaban juntos como el "aroma agradable" que simbolizaba la comunión entre el cielo y la tierra. Durante la era del Segundo Templo (516 a. C.–70 d. C.), estos rituales continuaron, pero los Salmos también comenzaron a cumplir un nuevo propósito. A medida que las comunidades se extendían más allá de Jerusalén, la oración misma se convirtió en una forma paralela de ofrenda. La frase del profeta Oseas "el sacrificio de los labios" encapsuló este cambio de la devoción física a la verbal. El Libro de los Salmos se convirtió así en el templo portátil de la fe de Israel. Incluso cuando el templo yacía en ruinas, su liturgia perduró en palabras. La súplica del Salmo 141 ("Que mi oración suba ante ti como incienso") captura la continuidad entre el sacrificio y la súplica. Cuando el culto sinagogal se desarrolló tras el exilio, la recitación de los salmos constituyó su columna vertebral. Los mismos textos que antaño acompañaban el ritual ahora moldeaban la conmemoración. Cuando la iglesia primitiva heredó los Salmos, extendió aún más su alcance. Las traducciones griegas y latinas los llevaron a nuevos mundos lingüísticos; el canto y la himnodia los convirtieron en elementos centrales de la liturgia cristiana. En todas las épocas, los Salmos demostraron su capacidad de adaptación, sin perder la misma poesía antigua, capaz de transmitir un mensaje renovado a las nuevas comunidades.

El sonido de la comunidad

Los Salmos fueron creados para ser escuchados. Su ritmo, repetición y paralelismo se prestan a la interpretación pública. En los coros de los templos, el canto de la sinagoga, la salmodia monástica y el canto congregacional, los Salmos han creado comunidad a través del sonido compartido. Esta dimensión musical explica gran parte de su supervivencia. Las palabras cantadas se recuerdan más fácilmente que las palabras habladas; la melodía incrusta el lenguaje en el cuerpo. Desde los hijos de Coré hasta los monjes gregorianos y las congregaciones de la Reforma, el acto de cantar los Salmos ha unido a generaciones. Incluso cuando la teología dividió iglesias y naciones, el canto salmista continuó uniendo a los creyentes en un vocabulario común de alabanza y lamento. La música también lleva los Salmos más allá de los límites de la fe. Compositores desde Palestrina hasta Bach, Mendelssohn hasta Bernstein, han reinterpretado sus cadencias en formas que llegan tanto al público sagrado como al secular. Su mundo sonoro, alternativamente quejumbroso y exultante, continúa resonando porque refleja el pulso del sentimiento humano.

La forma del tiempo

Uno de los legados más perdurables de los Salmos es su capacidad para estructurar el tiempo. Las oraciones matutinas y vespertinas, los sabbats y las festividades, y las horas monásticas se nutren del lenguaje salmista. De esta manera, los Salmos santifican el ritmo del día. El Salmo 63 saluda el amanecer con el deseo de Dios; el Salmo 4 cierra el día con la confianza en la protección divina. Rezarlos es habitar el tiempo sagrado en un ciclo que refleja la oscilación de la vida humana entre el trabajo y el descanso, la ansiedad y la paz. Esta función temporal es tanto teológica como práctica.

Expresa la convicción de que el tiempo mismo pertenece a Dios y de que cada día puede convertirse en una ofrenda. Al integrar los Salmos en el calendario de oración, tanto el judaísmo como el cristianismo encontraron la manera de hacer habitable la historia, de transformar el paso de las horas en la práctica de la fe.

La vida interior

A medida que el culto se expandió del templo a la sinagoga y a la iglesia, los Salmos también entraron en el ámbito privado. Memorizados por los niños, recitados por los monjes y llevados por los creyentes al exilio, se convirtieron en compañeros íntimos. Aprender un salmo de memoria es inscribir su ritmo en el propio pensamiento y sentimiento. Esta internalización dio a los Salmos un nuevo papel como instrumentos de meditación. Los escritores medievales hablaban de *ruminatio,* la repetición lenta y reflexiva de las escrituras. "Masticar" un salmo era absorber su significado gradualmente, permitiéndole moldear los afectos. Dicha meditación transformó el texto en oración y la memoria en presencia. En el sufrimiento y la muerte, los Salmos se convirtieron en palabras de resistencia. Su honestidad sobre el miedo y la pérdida los convirtió en compañeros idóneos para el lamento, mientras que sus promesas de fidelidad divina ofrecían esperanza. Ya sea en la voz del doliente recitando el Salmo 130 o del creyente moribundo recordando el Salmo 23, los Salmos han proporcionado un lenguaje para los umbrales, momentos en que el habla ordinaria se silencia.

Los Salmos en la imaginación moderna

El mundo moderno, aunque en gran medida separado del templo y el monasterio, no ha dejado atrás los Salmos. Aparecen en salas de conciertos y novelas, en discursos políticos y diarios personales. Sus frases han entrado en el vocabulario moral de las lenguas occidentales: "De las profundidades", "El valle de la sombra", "Mi copa está rebosando". Incluso cuando la creencia flaquea, su poesía perdura como memoria cultural. Los intérpretes modernos han leído los Salmos a través de lentes históricas, literarias y psicológicas. Los académicos examinan su formación; los poetas redescubren sus cadencias; los teólogos luchan con sus retratos de la justicia divina y la violencia. En una era de fragmentación, la capacidad de los Salmos para contener la contradicción, para expresar tanto la alabanza como la protesta, habla poderosamente. Recuerdan a los lectores que la fe y la duda, la esperanza y la desesperación, no son opuestos sino compañeros en el mismo viaje. Los teólogos y artistas contemporáneos también han recurrido a los Salmos como recursos para el diálogo. En reuniones interreligiosas, la recitación compartida une divisiones; En contextos seculares, su lenguaje de lamento y esperanza ofrece una gramática para la solidaridad humana. Su vitalidad continua reside precisamente en esta apertura: no pertenecen a una época o institución, sino a la conversación continua entre la humanidad y lo sagrado.

Teología en movimiento

¿Qué enseñan, entonces, los Salmos? No una teología sistemática, sino dinámica. Dios no se define, sino que se encuentra como creador y juez, pastor y refugio, el que se esconde y el que salva. La humanidad se presenta no como receptora pasiva, sino como respondiente activa, llamada a hablar, cantar y recordar. Los Salmos revelan una teología de la relación. Asumen que la fe implica emoción, vulnerabilidad y diálogo. Dejan espacio tanto para la ira como para la adoración, tanto para el silencio como para el canto. En su propia diversidad, modelan una teología espaciosa, una fe lo suficientemente grande como para contener la contradicción. Su teología también es comunitaria. El "yo" del salmista rara vez es solitario; se encuentra dentro de un "nosotros". El lamento personal se convierte en confesión colectiva; la acción de gracias individual se convierte en memoria nacional. A través de este entrelazamiento de voz y comunidad, los Salmos transforman la experiencia en identidad compartida.

Escritura e imaginación

La perdurabilidad de los Salmos a través de culturas y siglos también ilustra la interacción entre las Escrituras y la imaginación. Como texto sagrado, exigen reverencia; como poesía, invitan a la reinterpretación. Esta doble naturaleza ha permitido que se relean y canten sin cesar. Comentaristas rabínicos, padres de la iglesia, reformadores y críticos modernos los abordaron con diferentes preguntas, pero cada uno encontró en ellos un espejo de su época. Sus metáforas han demostrado ser especialmente fértiles. Cada imagen —el pastor, la roca, el rey, la tormenta— abre nuevas perspectivas teológicas. Dado que los Salmos hablan a través de imágenes, pueden traducirse, parafrasearse y musicalizarse sin perder vitalidad. Su significado se expande a través de la interpretación. Cada lectura, cada traducción, cada melodía es un acto de renovación, el intento de una nueva generación de decir lo que una vez dijeron los primeros cantores: que la vida, en toda su complejidad, se vive ante Dios.

La paradoja perdurable

Quizás la característica más llamativa de los Salmos es su naturaleza paradójica. Son antiguos y modernos a la vez, personales y comunitarios, particulares y universales. Surgen de un mundo histórico y lingüístico específico, pero han sobrevivido a todas las fronteras que ese mundo les impuso. Son a la vez literatura y liturgia, historia y oración, teología y arte. Esta paradoja explica su longevidad. Cada época descubre en los Salmos lo que más necesita. Para los exiliados de Babilonia, eran cánticos de pérdida y esperanza. Para los primeros cristianos, eran profecías cumplidas. Para los monjes medievales, eran una regla de vida; para los reformadores, la voz del pueblo; para los lectores modernos, un lenguaje de honestidad en medio de la dislocación. Su supervivencia es menos una cuestión de preservación que de recreación continua.

La Palabra Viva

Hablar de los Salmos como "un lenguaje vivo de adoración" es reconocer su capacidad de renovación. Sus palabras son antiguas, pero cobran vida cada vez que se leen, se cantan o se recuerdan. No se limitan a describir la fe; la representan. Cada vez que se rezan, se reabre el diálogo entre la humanidad y Dios. En ese sentido, los Salmos no son simplemente un registro de fe, sino un medio para creer. Enseñan que la fe no es posesión, sino participación, un ritmo de hablar y escuchar, de lamentarse y alabar. Nos recuerdan que el lenguaje de lo sagrado nunca es estático. Como el mundo que describen, se mueve, respira y cambia, pero permanece arraigado en el mismo deseo: buscar y ser buscado por lo divino. Puede que los instrumentos hayan cambiado, que los idiomas se hayan multiplicado y que los contextos hayan cambiado, pero la música perdura. El Libro de los Salmos continúa invitando a cada generación a sumar su propia voz al coro, a aprender de nuevo a "cantar un cántico nuevo al Señor".

www.ingramcontent.com/pod-product-compliance
Lightning Source LLC
La Vergne TN
LVHW021352080426
835508LV00020B/2236